머니 챌린지

푼돈에서 **1억까지** 쓰면 쓸수록 **돈이 모이는**

생애 첫
재테크
다이어리

머니
챌린지

MONEY CHALLENGE

김지아 (댈님) 지음

'돈 모으고 싶은데… 뭐부터 해야 할까?'

은행원 시절부터 금융 크리에이터 활동을 하면서 지금까지 만난 사람들에게 가장 많이 들었던 질문이다. 나 역시 재테크 초보 시절 서점에서 나름 괜찮아 보이는 책을 사서 읽었지만, 지금 당장 뭘 해야 하는지를 '딱' 집어서 알려주는 책은 거의 없었다.

기존의 재테크 책과 달리 스스로 점검하고 실천할 수 있는 책이 필요하다고 생각했다. 그렇게 해서 돈이 모이는 재테크 다이어리 『머니 챌린지』가 탄생했다. 이 책의 특별한 점은 단순한 정보 전달이 아니라 나만의 재테크 책을 완성하는 '워크시트'이다.

돈을 모으겠다고 결심한 순간 가장 먼저 해야 하는 것은 내 상황을 점검하는 일이다. 나의 소비 습관과 돈에 대한 생각이 정리되면 그때부터 돈이 모이기 시작한다. 이 책에는 게임처럼 즐길 수 있는 다양한 미션이 담겨 있다. 미션을 하나씩 완료할 때마다 내 통장에 돈이 조금씩 쌓여갈 것이다. '아, 진짜 돈이 모이는구나' 하는 생각이 드는 순간부터 더욱더 신이 나서 다음 챌린지를 더 열심히 하게 된다.

지금 당장 나에게 가장 필요한 것은 작은 성공 경험이다. 다른 사람의 성공 이야기를 백 번 보고 듣는 것보다 한 번이라도 내가 직접 경험하는 것이 더 중요하다. 남들 100억 모은 이야기보다 직접 1,000만 원을 모으기까지의 내 노력이 더욱 값진 것이다.

당장 1억을 모으겠다는 큰 목표가 아니어도 좋다. 매일 1,000원씩 한 달에 3만 원을 모으는 것부터 시작하면 된다. 매일 뿌린 성공의 씨앗이 30만 원, 300만 원, 3,000만 원의 열매를 맺을 수 있다.

실제로 부자들의 이야기를 들어보면 그들 역시 돈 모으기부터 시작했다. 그들은 돈을 모으고, 불리고, 다시 모으는 과정을 끊임없이 반복한다는 것이 다를 뿐이다. 모든 일은 돈을 모으고 난 이후에 시작된다.

『머니 챌린지』와 함께하는 당신은 행운이 가득한 사람이다. 앞으로 당신의 미래를 바꿀 중요한 터닝 포인트가 될 테니까! 지금부터 신나고 즐겁게 챌린지를 시작해보자!

끝으로 많은 사람들에게 행운을 줄 『생애 첫 재테크 다이어리, 머니 챌린지』가 탄생하기까지 함께해준 장인서 팀장님과 21세기북스 제작진에게 감사의 마음을 전합니다. 저의 노력을 지지해주고 응원해준 가족과 지인들, 구독자분들에게도 진심으로 감사의 인사를 전합니다.

2022년 5월
김지아 (댈님)

LET'S
GET IT

돈 모으기 시작해볼까요?

START

START!

01

돈
모으기

LET'S SAVE MONEY

돈 모으기의 시작

나만 빼고 모든 사람들이 재테크를 하고 있는 것 같다.

나는 통장 잔고도 모자라 신용카드를 쓰면서 소비에 열을 올리고 있는데 다른 사람들은 주식, 부동산, 코인에 투자하느라 여념이 없다.

LET'S

그럴 때마다 **'나는 이대로 괜찮은가?'** 하는 고민에 빠진다.

그러나 재테크를 해서 돈을 모으고 싶어도 어디부터 어떻게 손대야 할지 막막하다. 추천받은 코인, 주식 종목에 투자했지만 계좌 잔고는 마이너스이고, 부동산에 투자하려니 집값이 너무 올라 엄두가 나지 않는다.

SAVE

MONEY

>> 나만의 머니 다이어리

◆ 돈에 대한 마음을 솔직하게 적어보기

지금까지 통장 잔고와 카드로 소비하면서 살아온 인생. 코인, 주식, 부동산 등 투자 방법은 많은 것 같은데 어딘가에 투자하려고 해도 모아둔 돈이 없다.

투자하려면 돈 모으기부터 해야 한다.

투자는 재테크의 한 방법이지 투자 자체가 재테크는 아니다.
재테크는 돈을 소비하고 관리하고
모으는 모든 방법을 포함하는 개념이다.
돈을 잘 쓰고 잘 모으고 잘 불려나가는 것이
재테크의 핵심이다.

>> 현재 나의 돈 관리 방식을 정리해보자.

지금 당장 10만 원의 공돈
이 생긴다면 무엇을 하고 싶
은가?

10초 동안 고민해보자.

10만 원의 사용처가 돈을 쓰는
것인가, 모으는 것인가? 대부분
의 사람들은 공돈이 생기면 뭘
살지, 뭘 먹을지부터 고민한다.

돈을 모으겠다고 마음먹었다면
그 10만 원을 **어디에 넣어둘지**를
먼저 고민해야 하지 않을까?

통장에 돈이 있으면 빨리 써버려야 직성이 풀리는
가? 잘 쓴다는 것은 많이 쓰는 것이 아니다.
**내가 꼭 써야 할 곳에 쓰는 것이 결국 잘 쓰고 잘
모으는 비법이다.**

지금까지 돈을 모아야겠다는 생각은 수도 없이 했지만
실천하기 어려웠다면? 이 책의 워크시트부터 차근차근
하나씩 작성해보자. 이 과정을 통해 어떻게 돈 관리를
하고, 더 많이 모으고 불릴 수 있는지 배울 것이다.

>> 내가 돈을 모을 수 없었던 이유 적어보기

2

돈을 모을 수 없는 환경

한동안 욜로, 플렉스(flex), 하울(haul, 물건을 대량으로 구매하고 품평하는 내용을 담은 인터넷 방송 영상)이라는 단어가 유행했다.
이 단어들의 공통점은 무엇일까?

바로
소비를 부추긴다는 것이다.

인생은 한 번뿐이니 지금 당장 즐기자는 욜로. 아무리 비싸더라도 사고 싶은 물건을 마음껏 사고 과시하는 플렉스. 내가 쇼핑하는 모습을 다른 사람들에게 보여주는 하울. 이러한 단어들에서 돈 모으기의 개념을 찾을 수 없다.

좋은 소문보다 안 좋은 소문이 더 빨리 퍼지는 것처럼 돈을 모으는 것보다 돈을 쓰는 것, 더 자극적인 것에 흥미를 가진다. 물론 짠테크처럼 돈을 아끼고 모으는 것이 유행한 적도 있다. 하지만 돈을 모으는 유튜브 영상보다 돈을 쓰는 영상의 조회수가 훨씬 더 높다.

앱이나 인터넷을 열자 며칠 전 검색했던 상품이 갑자기 나타나더니 클릭할 때까지 사라지지 않는다. 나도 모르게 마케팅에 노출되고 있는 것이다. 우리는 아침에 눈을 뜨면서부터 잠들 때까지 매 순간 소비의 유혹에 노출된다. 나의 일상과 화려한 소비 생활을 SNS에서 공유하다 보면 마치 부자가 된 듯한 착각에 빠진다. '인생을 즐기자'는 말이 어느 순간 '누가 누가 돈을 더 많이 썼나' 경쟁하자는 의미로 왜곡되고 있다. 하지만 이것은 나를 위한 소비가 아닌, 남에게 보여주기 위한 과시에 지나지 않는다.

욜로(YOLO)는 '인생은 한 번뿐이니 후회 없이 살자'는 의미다.

한 번뿐인 삶, 펑펑 쓰면서 살자는 것이 아니다. 결국 플렉스도 하울도 소비를 부추기는 마케팅 전략 중 하나일 뿐이다.

Q 내가 보는 콘텐츠 점검하기
–유튜브, 포털 검색어 살펴보기

○ ○ ⊗

▶ ☐ 돈이 모이는 콘텐츠
☐ 소비를 부르는 콘텐츠

CHECK
ONTENTS

돈에 대한 기본적인 개념이나 관리 방법을 배우지 않은 어린이, 학생을 포함한 재테크 초보자들이 소비 트렌드에 노출되고 있다. 돈이 곧 소비라는 인식이 자리 잡으면 결코 돈을 모을 수 없다. 소비는 그야말로 달콤한 유혹이다. 소비 습관이 먼저 굳어지면 돈 모으기 습관으로 바꾸는 데 몇 배의 시간과 노력이 필요하다.

한창 돈을 모아야 할 시기에 소비에 치중한다면 앞으로의 계획을 세우기 힘들다.

특히, 사회초년생들은

지금부터 어떻게 돈을 모으고 불려나가느냐에 따라 앞으로의 삶이 달라진다.

>> 나는 어떤 사람일까?

◆ 돈에 대한 나의 태도

과거	현재

예) 욜로족
 "인생 뭐 있어?
  내일 죽을지도 모르는데
  일단 즐기고 보자."

예) 플렉스족
 "미래는 생각하지 말자.
  오늘 갖고 싶은 것을 사면 만족!"

미래

예) 제테크족(건물주)
 "건물 월세가 연금보다 낫다."

이솝 우화 중 <개미와 베짱이>를 떠올려보자.

부지런한 개미는 여름 내내 열심히 일해서 겨울 동안 먹을 양식을 마련했다. 반면 나무 위에 앉아 노래만 부르며 시간을 보낸 베짱이는 굶주림에 시달리며 추운 겨울을 나야만 했다. 현대판 <개미와 베짱이>를 보면 개미는 관절염에 걸려 고생하고 베짱이는 스타로 성공했다는 우스갯소리도 있다.

인생에
한 방은 없다.

추운 겨울을 따뜻하고 배부르게 보내려면 여름 내내 부지런히 일해야 한다. 풍족한 삶 뒤에는 언제나 노력이 뒤따른다. 재테크도 마찬가지다. 매일매일 꾸준한 노력 없이 결코 돈을 모을 수 없다.

LIKE 개미 앞으로 꾸준히 노력해야 할 것은?

LET'S INVEST TIME EFFICIENTLY

목표 세우기

자동차를 타고 한 번도 가본 적 없는 장소에 가려면 어떻게 해야 할까?

내비게이션에 목적지를 입력하고 알려주는 경로로 가면 된다. 돈 모으기도 마찬가지다. 남들이 달려가는 대로 무작정 따라가는 것은 목적지 없이 달리는 자동차와 같다. 재테크와 투자에도 목적지, 즉 목표 설정이 필요하다.

돈을 모으려면 작든 크든 목표가 있어야 한다. 짧게는 6개월에 1,000만 원 모으기부터 1년에 2,000만 원 모으기, 3년에 5,000만 원 모으기, 5년에 1억 모으기와 같은 목표를 설정한다. 목표가 없으면 돈을 모으기보다 소비를 먼저 하게 된다. 돈은 계속 버는데 텅 빈 통장만 보게 되는 것이다.

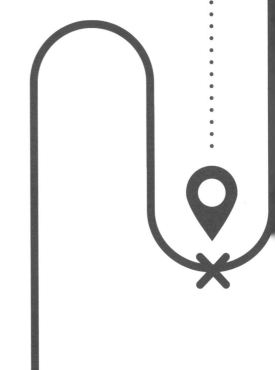

3

Q 돈에 관한 목표 정리해보기

예) 내 집 마련을 위한 종잣돈 모으기
5년 동안 1억 원 모으기
1년에 2,000만 원 모으기 등

>> 돈에 관한 목표 정리해보기

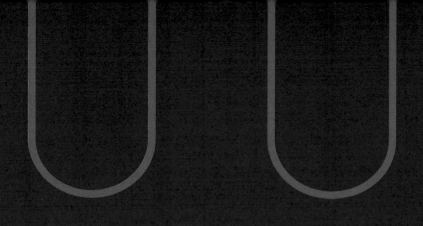

사람들은 마음속에 자신만의 내비게이션을 가지고 살아간다.

하지만 목적지를 입력하지 않고 발길 닿는 대로 다니다 보면 나중에는 내가 어디로 가고 있는지조차 모른다.

돈 모으기에도 목적지 설정이 필요하다. 내 집 마련, 전세보증금 모으기, 결혼 자금 마련, 자녀 양육비, 학자금 등과 같은 사용 목적이나 1년에 1,000만 원, 5년에 1억 원 모으기와 같이 목표 금액과 기간을 구체적으로 설정하면 조금 더 세부적인 계획을 세울 수 있다.

큰 목표가 아니더라도 '일주일에 10만 원 더 벌기' 또는 '매주 1만 원씩 적금 금액 늘리기'와 같이 단기적인 목표부터 세워보자. 당장 실행할 수 있는 작은 목표부터 세우면 돈을 모으기가 훨씬 쉽다.

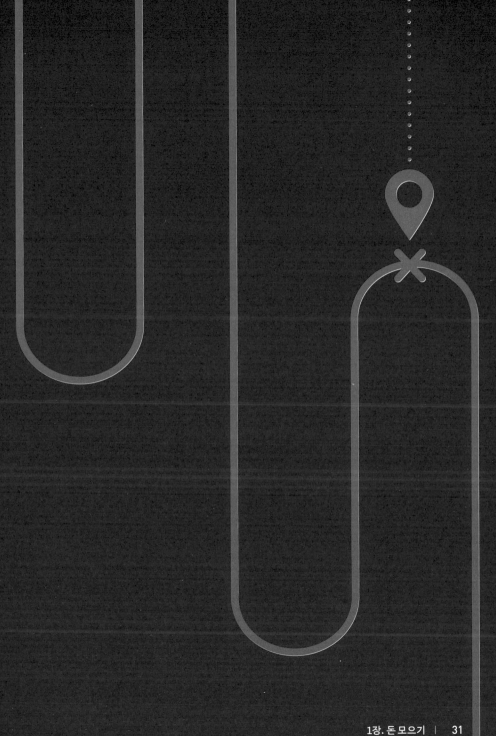

>> 돈에 대한 나의 생각

◆ 재테크를 결심한 이유는?

결정적인 계기는 무엇인가?

◆ 돈을 모으면 가장 먼저 하고 싶은 것은 무엇인가?
　 (생각나는 것 모두 적어보기)

>> 돈에 대한 나의 생각

◆ 하고 싶은 것들을 연상시키는 이미지 붙이기
  (희망사항 이미지 모아보기)

TING ON
INISCENT
IMAGES

◆ 목표 금액과 기간 적어보기

☐1 ● 목표 금액 :

☐2 ● 달성 기간 :

Target
Amount

●최종 목표

>>

02

HOW

돈을
관리하는 방법

O MANAGE MONEY

파킹 통장으로 옮기기

은행에 돈 주차하고 이자 받기

입출금통장에 100만 원을 1년 동안 맡겨봐야 이자는 1,000원도 되지 않는다.

파킹 통장에 100만 원을 넣어두면 1년에 2만 원의 이자를 받을 수 있다.

파킹 통장은 입출금통장보다 이자를 더 많이 받을 수 있는 상품이다. 입출금통장은 연이자가 0.1%대지만, 파킹 통장은 2%대의 이자를 준다. 1,000만 원을 입출금통장에 넣어두면 1년 이자가 1만 원인 데 반해 파킹 통장은 20만 원이다. 이자가 20배나 차이 나니 기왕 통장을 만들고 체크카드를 쓴다면 파킹 통장을 활용하자.

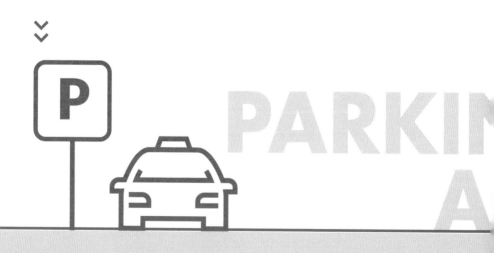

파킹 통장은 정식 명칭이 아니므로 은행마다 이름이 조금씩 다르다.

파킹 통장 중 가장 유명한 토스뱅크 통장은 돈을 넣어두기만 해도 연 2%의 이자를 준다.(2022년 3월 15일 기준) 인터넷 은행 중 카카오뱅크는 세이프 박스, 케이뱅크는 플러스 박스를 파킹 통장으로 쓸 수 있다.

저축은행 중에도 이자가 꽤 괜찮은 파킹 통장이 있다. 이율은 가입 시점과 조건에 따라 다를 수 있으니 나의 조건에 맞춰 가장 높은 상품을 검색해보고 가입하면 된다.

상품TIP **예금자보호제도**

금융기관이 파산하거나 문제가 생겼을 때 금융기관별로 1인당 원금과 이자를 합해서 5,000만 원까지 보호받을 수 있다.

예를 들어 A은행 5,000만 원, B은행 5,000만 원을 예치했을 경우 두 은행이 모두 파산하더라도 금융기관당 5,000만 원이므로 두 은행의 예치금을 합쳐 1억 원을 모두 보호받을 수 있다.

원금이 4,900만 원이고 이자가 100만 원이라면 원금과 이자 합쳐서 5,000만 원 모두 보호받는다. 원금 5,000만 원에 이자가 100만 원으로 총 5,100만 원이라면 5,000만 원까지만 보장받는다. 따라서 예금자보호 한도액에 맞춰 여러 은행에 나눠서 예치하는 것이 좋다.

파킹 통장
VS
CMA
VS
MMF

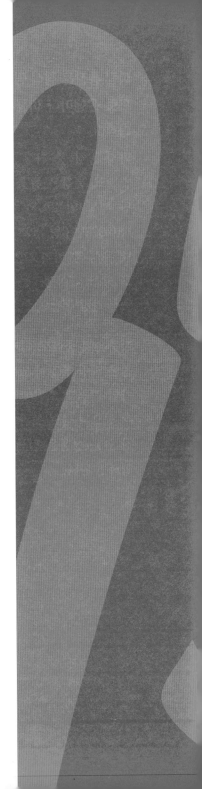

이자를 받을 수 있는 대표적인 상품 3가지다. 3가지 상품의 차이점을 간략하게 정리하면 파킹 통장은 은행 상품으로 원금이 보장된다. CMA와 MMF는 증권사 상품으로 비교적 안정적인 곳에 투자하지만 원금이 보장되지 않는다. 3가지 상품 모두 하루만 넣어둬도 이자가 발생하는데, 상품 고시이율과 투자 대상에 따라 수익률이 다르다.

파킹 통장이라는 별칭처럼 내 돈을 잠시 주차하는 상품인 만큼 수시로 수익률을 확인해보고 이자가 높은 상품으로 활용하면 된다.

저축은행
파킹 통장이 불안하다면?

요즘은 모바일 뱅킹이 보편화되어 저축은행 앱을 통해 파킹 통장에 가입하는 사람들도 많다. 시중은행 입출금통장보다 좀 더 높은 이자를 받고 싶은 사람들이 찾는 곳이 바로 저축은행 파킹 통장이다. 저축은행에서 제시하는, 예를 들어 급여를 받는 등 여러 요건을 충족하면 더 높은 이자를 받을 수 있다. 시중은행에 비해 알려지지 않았지만 이용하는 사람이 늘어나고 있다. 하지만 제2금융권인 만큼 저축은행의 안전성을 불안해하는 사람들이 많다. 과거 몇몇 저축은행의 부실로 장기간 예금이 묶인 적이 있기 때문이다. 만약의 상황에 대비해 예금자보호제도로 보장받을 수 있는 한도에 맞춰 관리하는 것이 좋다.

>> 나에게 맞는 파킹 통장 찾기

금융사	이율	조건	편리성
			좋음 / 보통 / 낮음
			좋음 / 보통 / 낮음
			좋음 / 보통 / 낮음
			좋음 / 보통 / 낮음

◆ 통장 잔고 옮기기

YES! ☐ 파킹 통장 만들기

YES! ☐ 잔고 모으기

YES! ☐ 파킹 통장 한 달 이자 금액은?

_____ 원

통장으로
이자 받기 성공! ☐

MISSION CLEAR

2

소비 습관 바꾸기

1. 지출 내역 점검하기

얼마를 모을지 목표액을 정했다면 이제부터는 어떻게 모을지 고민한다. 먼저 내가 돈을 어디에 얼마나 쓰는지 소비 습관을 점검해보자.

돈 모으기 목표를 빠르게 달성하려면 내가 매달 얼마를 벌고, 얼마를 쓰는지부터 알아야 한다. 지금까지 돈을 모으기보다 돈을 쓰는 시간이 훨씬 더 많았다. 그만큼 오랫동안 굳어진 나의 소비 습관부터 바꿔야 한다.

내가 돈을 어디에 어떻게 쓰는지를 알 수 있는 가장 좋은 방법은 소비 내역을 기록하는 것이다. 생각을 정리하거나 마음을 다잡기 위해 일기를 쓰는 것처럼 가계부를 써보자.

Form
Consumption
Habit

매일 가계부를 써보면
지금까지 내가 몰랐던
소비 습관을 알 수 있다.

소비 기록으로 돈이 새는 곳을 찾아 막을 수 있다면 당연히 돈을 모으는 속도도 빨라진다.

가계부를 써보면 '이걸 내가 왜 썼지?'라고 생각되는 것들이 있다. 결제 수단이 간편해질수록 소비는 늘어나고 돈을 쓴 기억은 빠르게 지워진다. 그래서 내 소비를 데이터로 만드는 시간이 필요하다. 가계부를 쓰는 이유는 나의 소비 습관을 객관적으로 점검할 수 있기 때문이다.

처음에는 어디서부터 어떻게 써야 할지 엄두가 나지 않는다. 가계부라고 해서 정해진 양식은 없다. 엑셀로 정리해도 되고 가계부 앱을 이용해도 좋다. 매일 어디에 쓰는지를 기록하기만 하면 어떤 것이든 상관없다.

오늘 하루 소비한 내역을 돌이켜보고 굳이 사지 않아도 될 물건이 있었는지를 점검해보면 불필요한 소비를 줄일 수 있다.

Q 가계부를 써본 적이 있다?

☐ YES

☐ NO

Q 첫 가계부의 기억

2. 지금 당장 시작하기

소비 습관을 점검하려면
최근 3개월 동안 어디에 돈을 썼는지를
확인해야 한다.

짧게는 1개월에서 길게는 1년 동안 나의 소비 내역을 기록해보자. 세금처럼 6개월에 한 번 또는 1년에 한 번 납부하는 항목도 있기 때문이다. 처음 시작할 때는 일단 3개월을 목표로 한다.

Q 소비 점검하기 내가 주로 쓰는 결제 방법은?

□ 체크카드

□ 신용카드

□ 간편결제(페이)

□ 충전 카드(선불카드, 교통카드)

□ 현금

□ 기타 (   )

**먼저 3개월 동안 통장 거래 내역과 카드 결제 내역을 보자.
거래 내역이 너무 많으면 종이로 출력해 형광펜으로
표시하면서 점검하는 것이 좋다.**

개인적으로는 **종이 출력물**을 더 추천한다. 휴대폰 화면과 달리 펜으로 표시하면서 비교 분석할 수 있다는 장점이 있다. 더구나 생각할 시간을 가질 수 있다.

소비 내역을 점검하는 궁극적인 목적은 소비 습관을 개선하기 위해서다. 전달과 이달의 소비 내역을 비교해보고 개선된 부분이 있는지를 확인하려면 한눈에 보기 쉬운 방법으로 정리해야 한다.

CHECK A
BREAKDOWN

◆기간 :

명세서 붙여보기
<풀칠하는 곳>

>> 명세서 붙이기

◆기간 :

명세서 붙여보기
<풀칠하는 곳>

◆기간 :

명세서 붙여보기
<풀칠하는 곳>

>> 명세서 리뷰하기

◆ 통장 거래 금액 TOP 3는?

1.

2.

3.

예) 1. 월급 2. 카드값 3. 페이 충전

◆ 카드 거래 금액 TOP 3는?

1.

2.

3.

예) 1. 배달 음식 2. 온라인 쇼핑 3. 공과금

◆ 페이 거래 금액 TOP 3는?

1.

2.

3.

예) 1. 배달 음식 2. 식비 3. 취미 활동

◆ 줄여야 할 항목은?

다음 소비 목표 설정하기

예) 10% 줄이기, 쇼핑 10만 원 줄이기

MISSION CLEAR ☐ 명세서로 소비 습관 점검하기

MISSION CLEAR ☐ 명세서로 소비 목표 설정하기

가계부 쓰기

소비 내역이 자동으로 기록되는 가계부 앱도 있다.

가계부를 쓴다 하더라도 얼마를 썼는지 단순히 기록하는 것에 그친다면 아무 의미 없다. 특히 자동으로 기록되는 앱은 다시 들여다보기 힘들다. 가계부 앱을 쓰더라도 직접 입력해야 내가 얼마를 썼는지 확인할 수 있다.

굳이 가계부 노트를 살 필요 없다.

포스트잇이든 핸드폰 메모든 가장 편한 방법으로 기록하면 된다. 어디든 기록하다 보면 조금 더 쉽고 간편한 방법을 자연스럽게 터득할 수 있다. 가계부를 써야겠다고 마음먹었다면 미루지 말고 지금 당장 시작하자!

◆ 직접 적어보거나 포스트잇 가계부 붙이기

날짜	항목	금액	소비 평가
			GOOD BAD
			GOOD BAD
			GOOD BAD
			GOOD BAD

포스트잇
가계부 붙이는 곳

>> 작심 3일 가계부 2일 차

◆ 직접 적어보거나 포스트잇 가계부 붙이기

날짜	항목	금액	소비 평가
			GOOD / BAD
			GOOD / BAD
			GOOD / BAD
			GOOD / BAD

포스트잇
가계부 붙이는 곳

◆ 직접 적어보거나 포스트잇 가계부 붙이기

날짜	항목	금액	소비 평가
			GOOD BAD
			GOOD BAD
			GOOD BAD
			GOOD BAD

포스트잇
가계부 붙이는 곳

1) 소비 습관 확인하기

돈 모으기를 시작하면
미처 몰랐던 나의 다른 모습을 만나게 된다.

소비를 잘 조절할 것 같았지만 금방 포기하는가 하면, 도저히 못 할 것 같았는데 생각보다 잘 버티기도 한다. 예를 들어 출퇴근에 택시 이용을 줄이고 대중교통을 이용했는데 생각보다 잘 적응한다.

특히 가장 놀라운 순간은 카드 명세서를 확인할 때이다. 누가 내 카드를 훔쳤나 싶을 정도로 낯선 항목들이 보인다. 분명 잠들었을 시간인데 왜 2만 9,900원이 결제되었을까? 결국 습관적으로 돈을 쓰고 있었다는 것을 깨닫게 된다.

Q 나는 주로 언제 쇼핑을 하는가?

Set The Consu- mption Habits

내가 어떨 때 소비하고 어디에 돈을 많이 쓰는지 패턴이 보인다. 맛집을 찾아다닌다거나 기분이 좋지 않을 때 쇼핑하는 등 의식하지 못했던 소비 습관을 알게 된다.

기록하고 자기를 돌아보는 시간을 충분히 가졌다면 이제부터는 어떤 것들을 줄여나갈지를 결정한다. 소비 습관을 관찰하고 문제점을 찾아내기는 어렵지 않지만 지금까지 굳어진 습관을 바꾸기는 쉽지 않다. 갖고 싶은 것, 하고 싶은 것을 참는 인내와 절제의 노력이 필요하다.

Q 줄일 수 있는 소비 목록은?

소비 습관을 관리해야 하는 진짜 이유는 나의 욕구와 감정을 해소하기 위한 소비인지, 필요에 의한 계획적인 소비인지를 구분하기 위해서다.

기분에 따라 즉흥적으로 이뤄지는 소비가 상당히 많다. 기분이 좋든 나쁘든 상관없이 말이다. 감정적인 소비가 아닌 계획적인 소비를 하는 것만으로도 불필요한 지출을 막을 수 있다. 감정을 잘 다스리는 것만으로도 돈이 저절로 모인다.

Q 최근에 산 물건 5가지 적어보기

1.
．．．．．．．．．．．．．．．．．．．．．．．．．．．．．．．．．．．．．
　　감정 소비 ☐　　필요 소비 ☐

2.
．．．．．．．．．．．．．．．．．．．．．．．．．．．．．．．．．．．．．
　　감정 소비 ☐　　필요 소비 ☐

3.
．．．．．．．．．．．．．．．．．．．．．．．．．．．．．．．．．．．．．
　　감정 소비 ☐　　필요 소비 ☐

4.
．．．．．．．．．．．．．．．．．．．．．．．．．．．．．．．．．．．．．
　　감정 소비 ☐　　필요 소비 ☐

5.
．．．．．．．．．．．．．．．．．．．．．．．．．．．．．．．．．．．．．
　　감정 소비 ☐　　필요 소비 ☐

2) 생활 습관 바꾸기

집 밖을 나서는 순간부터 소비는 시작된다. ●──┐

교통비, 커피값과 같이 시간 순서대로 항목과 금액을 점검하고 소비하는 이유를 간단히 핸드폰에 기록한다. 하루 동안 쓴 내역을 보면 딱히 필요하지 않은데도 습관적으로 소비하는 항목들이 눈에 보인다. 출근길에 이용한 택시나 점심식사 후에 디저트로 먹은 케이크처럼 말이다.

하루 동안의 소비 항목들을 보고 굳이 쓰지 않아도 될 것을 확인하고 다른 것들로 대체할 만한 것이 있는지 정리한다. 택시는 대중교통으로, 하루 3잔 마시던 커피를 2잔으로 줄일 수도 있다. 매일 소비 점검이 익숙해지면 다음 단계로 하루 예산을 설정해보자. 하루 동안 쓸 돈을 미리 정해두고 그 안에서 지출하는 것이다.

| 하루에 한 가지 소비 제인시(CHANGE) ＜＜←───

↓

⌄

하루하루가 쌓여 일주일이 되고, 한달 한달이 모여 1년이 된다. 그렇게 매일 불필요한 지출을 줄여나가기를 1년 동안 계속하면 자연스럽게 지출하고 남은 금액이 늘어난다.

가끔 유혹의 순간이 찾아오기도 한다.

Q 물리치기 힘든 악마의 소비는?

그럴 때는 잠시

심호흡을 하고 마음속으로

PAUSE

잠깐
STOP

'잠깐'을 외치고
한 번 더 생각해본다.

너무 지쳐 힘들다면 택시를 탈 수도 있다. 하지만 택시비로 지출한 금액만큼 다른 곳에서 더 줄일 수 있는지를 생각해본다. 예를 들어 가까운 거리는 걸어서 이동하는 등의 고민과 노력이 필요하다.

>>

한 번쯤 그럴 수 있지 않냐라고 생각할 수도 있지만 한 번의 허용으로 두 번, 세 번 이어지면 더 이상 돈이 모이지 않는다. 스스로 엄격하게 소비 습관을 관리하다 보면 일상적인 소비를 한 번 더 고민하게 된다. 다음번에는 소비 후폭풍이 두려워 택시 생각은 아예 접게 된다. 이렇게 자신과의 약속을 지키는 것만으로도 훌륭한 성공 경험이 되어 다음으로 이어질 수 있는 원동력이 된다.

처음에는 힘들지만 반복하다 보면 익숙해진다.

오히려 정신없이 바쁘게 살아온 일상에서 의외의 슬로 라이프를 즐길 수 있다. 어느 순간 나도 모르게 자동적으로 소비를 계획하는 자신을 발견하는 시간이 온다.

>> 일주일간의 도전 기록

◆ 월요일 항목	금액	아낀 금액

◆ 열심히 아낀 나에게 칭찬 한마디!

MONDAY

항목	금액	아낀 금액

◆ 열심히 아낀 나에게 칭찬 한마디!

TUESDAY

>> 일주일간의 도전 기록

◆ 수요일

항목	금액	아낀 금액

◆ 열심히 아낀 나에게 칭찬 한마디!

WEDNES-
DAY

◆ 목요일

항목	금액	아낀 금액

◆ 열심히 아낀 나에게 칭찬 한마디!

THURS-
DAY

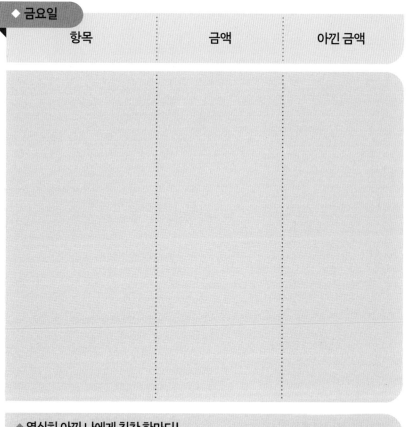

◆ 금요일

항목	금액	아낀 금액

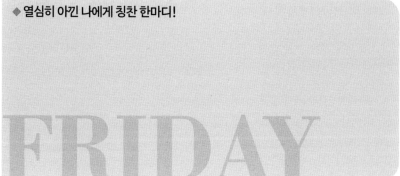

◆ 열심히 아낀 나에게 칭찬 한마디!

FRIDAY

항목	금액	아낀 금액

◆ 열심히 아낀 나에게 칭찬 한마디!

SATUR-
DAY

>> 일주일간의 도전 기록

◆ 일요일

항목	금액	아낀 금액

◆ 한 주 돌아보기

일주일 동안 모은 총금액 :　　　　　　　　　　　　원

이렇게 한 달이 지나면 모으게 될 총금액 :　　　　　원

1년 동안 모으게 될 총금액 :　　　　　　　　　　　원

대단한 당신! 지금처럼 꾸준히 절약해봅시다!

소비 습관 바꾸기
7일 챌린지　☐

MISSION CLEAR

3) 소비 미니멀리즘

모델하우스처럼 깔끔한 집을 보면
나도 저렇게 살고 싶다는 생각이 든다.

극도의 단순함을 추구하는 미니멀리즘 인테리어를 보면 복잡한 머릿속까지 단순하게 정리되는 기분이다. 나는 얼마나 많은 물건을 소유하고 있을까?

옷장만 열어봐도 미니멀리스트와는 한참 거리가 멀다. 정작 입고 나갈 만한 옷은 없는데 옷장 속에는 옷이 한가득이다. 그렇다고 집 안 가득 물건을 쌓아두는 맥시멀리스트도 아닌 것 같은데 말이다. 물건을 정리해보면 내가 어떤 성향에 더 가까운지를 알 수 있다.

Q 나의 성향 파악해보기
   예) 내가 수집하고 있는 물건은?
   특정 품목, 색, 취미 등

Q 물건 소유에 대한 나의 심리
   남들이 보기엔 똑같은 물건! 사야한 하는 이유는 무엇인가?

Q 나는 미니멀리스트인가?
   맥시멀리스트인가?

   ☐ 미니멀리스트 ☐ 맥시멀리스트

2년 이상 한 번도 입지 않은 옷, 유통기한이 지난 영양제와 화장품, 한 번도 읽지 않은 책 등 정리할 물건은 생각보다 꽤 많을 것이다.

이런 물건들을 모아서 당근마켓 등 중고 거래 앱을 통해 팔면 부수입을 올릴 수 있다. 의류는 아름다운 가게에 기부하고 소득공제도 받는다. 상태가 좋은 책은 중고 서점에 가져가 판매한다. 집도 정리하고 부수입도 챙기고 심지어 기부도 할 수 있다.

Changing
Lifestyle Habits

Q 내가 가지고 있는 물건 세어보기

항목	개수

이렇게 비우고 정리했다면
그다음에는 앞으로 사야 할 물건과
사지 말아야 할 물건을 분류해보자.

소비의 기준을 세워서 불필요한 지출을 줄이는 과
정이다. 소비를 줄이는 핵심 비결은 나에게 필요한
것, 필요하지 않은 것들을 잘 구분하는 것이다.

앞으로 절대 사지 말 것 TOP 3

1.

2.

3.

Do It
Right Now!

>> 체크리스트 작성하기

◆ 스스로 질문 목록을 작성해
   소비 다짐을 한다.

EXAMPLE

* 옷
매번 같은 색, 같은 스타일의
옷만 사지 않나요?
유행하는 옷만 사는 것은 아
닌가요?

소비 다짐
1. 색깔별, 아이템별로 하나씩
만 사기
2. 클래식한 아이템과 트렌디
한 옷을 적절히 섞어서 구매
하기

· · · · · · · · · · · · · · · · · · · ·

* 신발
지금까지 사 모은 운동화, 구
두를 잘 신고 있나요?

소비 다짐
1. 아이템별로 하나씩만 사기
2. 신발 리스트 작성해보기

예)
☐ 대청소하기
☐ 물건 정리하기
  (중고거래, 나눔, 기부, 판매)

체크리스트 작성 후
나의 소비 다짐

습관을 바꿔줄 마법의 숫자 '10'

돈을 조금 더 모으고 싶은데 지금보다 더 소비를 줄이려니
소소한 즐거움을 누리지 못해 쉽게 지칠 것 같다면
마법의 숫자 '10'을 떠올리자.

Q 돈을 모으다 지칠 때 나만의 마인드셋 적어보기

10분

살까 말까 고민되는 물건이 있다면 지금 당장 장바구니에 담지 말자. 10분 뒤에 다시 생각해봤을 때도 사야겠다는 생각이 들면 그때 구매한다. 홈쇼핑 채널을 계속 보다 보면 지금 당장 사야 할 것 같은 마음이 들지만 일단 채널을 돌리면 어느새 잊혀진다.

10분 동안 구매를 미룬다고 해서 그 물건이 사라지는 것은 아니다. 사고 싶은 마음과 사지 말아야 한다는 마음 사이에 갈등이 생길 때, 약간의 생각할 시간을 가지면 더 합리적인 선택을 할 수 있다.

Q 10분을 벌어주는 행동

□ 화장실 한 번 다녀오기   □

□ 유튜브 영상 보기   □

□ 『머니 챌린지』 펼치기   □

□   □

□   □

□   □

□   □

□   □

□   □

10%로

13월의 월급 만들기

저축을 늘리려면 다른 항목에서 10%를 줄여야 한다. 어디에서 어떻게 줄일지 한 번 더 고민하는 시간이 필요하다. 여기서 주의해야 할 점은 더 많이 저축하고 싶어도 딱 10%만 추가하는 것이다. 빠르게 모으고 싶다고 해서 갑자기 저축액을 늘리면 오래 지속하기 힘들다. 조금 느리게 가더라도 꾸준히 모아야 내가 원하는 기간에 목표를 달성할 수 있다.

10% 정도는 지출 항목에 큰 타격을 주지 않는다. 많지도 않고, 그렇다고 적지도 않은 적당한 수준이다. 비율을 더 올리면 금방 지쳐서 포기하고 싶은 마음이 생기기 쉽다. 기존의 저축액에 10%만 추가해도 1년 뒤 한 달 생활비만큼의 목돈이 생긴다.

Q 생활비의 10%는?

Q X 10번

10%

돈 모으기가 처음이라면
생활비의 10% 저축부터 시작하자.

처음부터 생활비의 70%를 저축할 수는 없다. 10%부터 시작해서 매달 조금씩 늘려가야 모으는 재미가 있고 오래 지속할 수도 있다. 반대로 힘들어 포기하고 싶은 마음이 든다면 10%씩 줄여나간다. 처음에 의욕적으로 생활비의 70%를 저축하다 힘에 부친다면 그다음에는 60%로 줄인다. 돈 모으기에 정답은 없다. 사람마다 상황이 다르고 나의 상황을 가장 잘 아는 것은 '나 자신'이다.

세상에는 수많은 재테크 방법이 있지만 나에게 꼭 맞는 방법을 알려줄 수 있는 사람은 없다. 직접 경험해보면서 노하우를 쌓아 나만의 돈 모으기 방법을 만들어가야 한다. 처음부터 잘하려고 애쓰지 말자. 조금씩 꾸준히 하다 보면 목표를 달성하는 순간이 온다.

> Q 현재 저축하고 있는 금액은?
>
> Q 저축률은 몇 %?

Q 10%씩 저축 금액이 늘어나면 얼마나 모을 수 있을까?

10%	20%	30%	40%	50%	60%	70%	80%	90%	100%

>> 나만의 '10 법칙' 만들기

(   )의 '10 법칙'

빈칸에 이름을 적어보세요.
그리고 나만의 '10 법칙'을 작성해봅니다.

1.

2.

3.

4.

5.

6.

나를 응원합니다!

'10 법칙'을 지키기 위한 응원의 한마디를 적어보자.

MISSION CLEAR ☐ 나만의 '10 법칙'

7.

8.

9.

10.

생활비
아끼기
꿀팁

A
Great
Tips -

◆ **교통카드 할인**
출퇴근 시간에는 알뜰교통카드로
대중교통을 이용해보자. 대중교통
을 이용하기 위해 걷거나 자전거로
이동한 거리만큼 마일리지를 쌓고
카드사에서 제공하는 할인 혜택까
지 받으면 대중교통비를 최대 30%
까지 줄일 수 있다. 사용 가능 지역
과 카드는 알뜰교통카드 홈페이지
(www.alcard.kr)에서 확인한다.

◆ **공과금 할인**
통신비, 아파트 관리비, 도시가스를
할인해주는 신용카드가 있다. 할인
율은 10% 내외이고 카드사마다 할
인 혜택과 실적 금액이 다르다.

◆ **전기료 할인**
36개월 미만의 영아나 5인 이상의
대가족, 3인 이상의 자녀가 있는 다
자녀 가구는 한국전력공사에서 월
30%(최대 1만 6,000원)의 전기요
금 할인 혜택을 받을 수 있다. 전
기요금 청구서 온라인 신청 시 월
200원을 할인해준다.

◆ **수도세 할인**

서울의 경우 자가검침 시 1회 600원 할인, 온라인 청구서 신청 시 요금의 1%(200~1,000원)를 할인해준다. 다자녀 가정은 약 5,000원 감면해준다.(관할 수도사업소에 따라 다름)

◆ **가스비 할인**

다자녀 가구는 동절기 최대 6,000원, 나머지 기간 최대 1,650원을 할인해준다.

◆ **탄소포인트제**

전기, 상수도, 도시가스 사용량을 줄이는 비율에 따라 포인트를 적립해주는 제도다. 한 번 신청하면 자동으로 계산해서 쌓인다. 밑져야 본전이니 신청해두자.

◆ **행정복지센터(동사무소) 활용**

폐건전지, 종이팩을 모아서 가져가면 새 건전지나 종량제 봉투로 교환해준다. 폐건전지 보상교환 사업에 따라 지자체별로 운영하고 있

다. 폐건전지 10개당 새 건전지 1개 또는 무게에 따라 교환해주는 등 요건이 다르니 가까운 복지센터에 문의하면 된다.

◆ **커피값 아끼기**

매일 4,500원짜리 아메리카노 한 잔을 줄이면 한 달에 9만 원을 모을 수 있다. 카페에서 음료를 사 먹는 대신 조금 번거롭더라도 인스턴트 커피, 원두백, 티백과 함께 텀블러를 가지고 다니면 상당 부분 비용을 줄일 수 있다. 카페를 이용해야 할 때는 기프티콘 중고 거래나 팔라고와 같은 전문 거래 앱에서 할인된 금액으로 구입한다.

>> 체크리스트 작성하기

◆ 절약한 돈이 1년 동안 쌓이면 얼마나 될까?

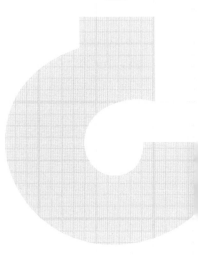

예) 교통비 하루 1,250원 아끼기 – 1년에 30만 원
　　매일 커피값 5,000원(20일) 아끼기 – 1년에 120만 원

앞으로의 목표

예) 매일 커피 한 잔 ×
　　1년에 120만 원 더 모으기

나의 다짐

매일 _____ 을

_____ 씩 아껴서

1년에 _____ 씩 모으기!

5

통장 쪼개기

**소비를 기록하고 예산에 맞춰 잘 관리하다가도 시간이 지나면
어느새 게을러지거나 곧잘 잊어버리게 된다.**

이럴 때를 대비해, 애쓰지 않아도 실천할 수 있도록 예산 내에서 소비
하는 시스템을 만들어야 한다. 바로 목적에 따른 **'통장 쪼개기'**다.

통장으로 월급이 입금되면 생활비, 통신비,
보험료, 적금 등 각종 비용들이 빠져나간다.
처음에는 한두 건으로 시작하지만 갈수록
항목이 늘어나 나중에는 어디에 얼마가 빠
져나가는지 한눈에 보기 힘들다.
컴퓨터나 텔레비전 뒤쪽의 복잡한 전선들을
깔끔하게 정리하는 것처럼 돈도 목적에 맞
게 정리할 필요가 있다.

그렇다면

'통장을 몇 개로 쪼개야 할까?'

통장 쪼개기는 개수가 정해져 있는 것이 아
니다. 어떻게 하느냐에 따라 3개가 될 수도
있고 10개가 될 수도 있다.

Q 지금 쓰고 있는 통장 개수는?

☐ 통장 3개 이하
→ 통장 쪼개기

☐ 통장 5개 이상
→ 통장 정리하기

Q 메인 통장에 등록되어 있는 자동이체 개수는?

통장 쪼개기는 월급 통장이나 주로 사용하는 입출금통장에서 빠져나가는 항목들을 분류하는 것부터 시작한다. 그러고 나서 핸드폰 요금을 포함해 각종 공과금, 생활비, 비상금, 적금 등을 목적에 맞게 쪼갠 각각의 통장에 자동이체하면 된다.

Q 자동이체 정리하기

항목	이체일	이체 금액	카테고리

가장 먼저
저축 통장부터 분리**한다.**

저축 통장을 먼저 분리해야 나머지
금액 안에서 예산을 계획할 수 있다.
지출하고 남은 돈으로 저축하면 소
비가 점점 더 늘어나기 쉽다.

목적에 따라 통장을 쪼갠 다음 '내
집 마련 적금', '가족 여행' 등 목적
에 맞는 이름을 붙이면 볼 때마다
머릿속에 각인되는 효과가 있다.

Q 저축 통장 이름은?
예) 제주도 여행 통장, 내 집 마련 통장

Q 목표 금액은?
예) 100만 원, 500만 원 등

Q 얼마씩 넣으면 될까?
예) 매월 얼마씩 넣어야 목표 금액 달성이 가능한가?

그다음 분리해야 할 것은
생활비 통장이다.

지금 쓰고 있는 입출금통장이나 카드가 연결되어 있는 통장에 생활비를 예산만큼 넣어둔다. 소비 관리가 제대로 이루어지지 않아 한 달이 채 되기 전에 다 써버렸다면 식비, 쇼핑, 교통비 등 항목별로 나눠서 지난달에 사용한 금액을 확인해본다. 이달에 실제 쓴 금액을 참고해 어느 부분에서 많이 썼는지 확인하면서 다음 달 예산을 세운다.

Q 한 달 생활비는 얼마인가?

Q 항목별 지출 금액 기록하고 예산 세우기

항목	지난달 금액	다음 달 예산

이번에는 **투자 통장**이다.

투자 공부를 하면서 소액으로 투자를 시작해보고 싶다면 매월 1만~5만 원 사이의 금액으로 시작해보자. 펀드, 소수점 투자, P2P투자 등 소액으로 시작할 수 있는 투자 상품들도 있다.(자세한 내용은 197쪽 '알면 도움이 되는 투자 상품' 참고) 어느 정도 공부하고 나서 투자 금액을 조금씩 늘린다.

Split Your Accounts

예기치 못한 일로 목돈이 필요할 때를 대비해 **비상금 통장**도 따로 마련한다.

명절, 가족 모임 등과 같이 정기적인 행사나 경조사, 병원비처럼 예정에 없는 지출이 필요한 경우를 대비해 비상금 통장을 따로 만들어두는 것이 좋다. 갑작스런 지출에 당황하지 않도록 매월 모아뒀다 필요할 때 찾아 쓰면 된다. 꼭 비상 상황이 아니어도 휴가비, 가전제품 구매처럼 큰돈이 들어가는 경우에도 비상금으로 활용할 수 있다. 비상금 범위를 어디까지 정하느냐에 따라 모아야 하는 금액도 달라진다. 최소 한 달치 월급이나 생활비 정도는 비상금으로 가지고 있어야 하고, 세 달치 정도면 여유롭게 활용할 수 있다.

쓰는 만큼 채우기 규칙을 정하는 것도 필요하다.
매월 일정 금액을 적금처럼 모으거나, 쓴 만큼
채워넣어 잔고를 일정 금액으로 계속 유지하는
등 나만의 규칙을 만들어야 한다.

LET'S
SET THE
→ RUELS!

미리 준비해두지 않으면 적금을 해지하거나,
손실이 나고 있는 시점에서 투자 상품을 해지
해야 한다.
갑자기 일을 하지 못해 수입이 들어오지 않을 때
도 있다. 퇴직이나 해고 등 예상하지 못한 상황
이 발생할 수도 있고, 다치거나 아파서 장기 치
료가 필요한 경우 병원비와는 별도로 수입 없이
생활비를 지출해야 하는 상황이 발생하기도 한
다. 일주일에서 한 달 이내로 문제가 해결되면
좋지만 그 이상의 기간이 필요할 수도 있다.

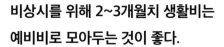

**비상시를 위해 2~3개월치 생활비는
예비비로 모아두는 것이 좋다.**

비상금은 필요할 때마다 찾아 쓰고 채울 수 있지만 예비비는 만약의 상황을 대비하는 것이니 예금과 같은 현금성 자산이나 필요할 때 언제든 찾을 수 있는 투자 상품에 가입하는 것이 좋다.

>> **Q** 체크리스트

☐ 자동이체별로 분류하기

☐ 추가 통장 개설하기

☐ 자동이체 옮기기

☐ 필요 시 체크카드 추가하기

MISSION CLEAR
☐ 통장 쪼개기

생활비 카드 쪼개기 활용 방법

생활비를 조금 더 세분화하고 싶다면 '카드 쪼개기'도 할 수 있다. 예를 들어 식비와 쇼핑을 분리해서 관리하는 방법이다. 식비를 조절하고 싶은데 잘 안 된다면 일주일치 예산만 체크카드 통장에 넣어두고 지출한다.

신용카드는 현금이나 체크카드처럼 즉시 결제가 아니라 결제일에 모아서 정산하는 방식이므로 예산 관리를 하기 어렵다. 가장 좋은 방법은 현금으로 찾아서 봉투별로 넣어두는 것이다. 현금보다 좀 더 편한 방법이 통장마다 체크카드를 만드는 것이다.

예산만큼만 넣어두고 쓰면서 잔고도 바로 관리할 수 있도록 체크카드도 쪼개서 쓰기를 추천한다.

예를 들어 점심은 늘 밖에서 먹는다면 점심 전용 식비 카드를 사용하거나 식비, 쇼핑, 커피값 등 지출 관리가 필요한 항목들을 세부적으로 나눠서 각각의 카드를 사용한다.

통장을 쪼개서 관리하다 보면 어느 순간 예산이 자
연스럽게 머릿속으로 계산된다. 돈 모으는 습관이
하나씩 몸에 배면 나중에는 굳이 나누지 않아도 예
산과 지출 금액이 어느 정도 맞춰진다.

> **상품TIP** **금융 상품 꿀팁**
>
> 통장 쪼개기는 기존의 계좌를 사용해도 되고 통장 쪼개기를
> 하기 쉽게 만든 상품을 가입해도 된다. 토스뱅크 통장은 별
> 도의 계좌 개설 없이 통장 쪼개기가 가능하다. 입출금, 적금,
> 예금, 파킹 통장을 나누지 않고 하나의 통장으로 돈만 분리
> 할 수 있어서 편리하다.
>
> 국민은행은 KB마이핏 통장으로 통장 쪼개기를 할 수 있다.
> 하나의 계좌 안에서 목적에 맞게 생활비, 비상금을 나눠서
> 관리할 수 있고 급여 통장으로 사용하는 등 일정한 조건을
> 충족하면 이자를 조금 더 받을 수 있다.

LET'S
CARD

>> 통장 쪼개기

◆ 체크리스트

☐ 생활비 통장   ☐ 비상금 통장

☐ 저축 통장   ☐ 투자 통장

◆ 통장 쪼개기 플래너

통장	금융사	용도	예산
생활비	카카오뱅크	공과금 카드값	60만 원

MISSION CLEAR ☐ 통장 쪼개기

MISSION CLEAR ☐ 예산 세우기

start right now.

6

신용카드 자르기

우리는 신용카드로 먹는 것, 입는 것, 교통까지 모든 것을 해결할 수 있다.

그러나 카드는 사실상 빚, 대출이다.

카드사는 누구에게나 신용카드를 발급해주지 않는다. 카드를 사용하려면 돈을 갚을 능력이 있는지 심사 기준을 통과해야 카드가 발급된다. 또한 카드사에서 나를 대신해 미리 결제하고 한 달치 결제대금을 정해진 날짜에 청구하는 방식은 대출과 같다.

Q 나의 카드 소비성향 적어보기

　예) 생활비 대비 카드값의 비율은?

　　카드로 소비를 잘 관리하고 있다고 생각하는가?

신용점수부터 직업, 소득, 자산, 은행 거래 실적에 따라 매달 얼마까지 쓸 수 있는지 카드 이용 한도 금액이 결정된다. 물론 카드사마다 다양한 혜택을 제공하니 잘만 활용하면 할인도 받고 연말정산에서 소득공제도 가능하다.

하지만 신용카드의 가장 큰 함정은 다음 달에 한꺼번에 돈이 빠져나간다는 것이다. 당장 돈이 빠져나가지 않으니 부담 없이 쓰게 된다. 하지만 결제일에 카드 대금이 한꺼번에 빠져나가면 통장 잔고는 비게 되고, 당장 현금이 없으니 또다시 카드를 쓸 수밖에 없는 굴레에 갇히게 된다.

Q 내가 가진 카드 점검하기

카드 종류(신용, 체크)	카드명	사용한도

카드 사용한도의 합은? (원) = 대출 가능 금액

신용카드는 정해진 한도 내에서 얼마든지 쓸 수 있기에 나도 모르게 소비가 늘어나는 부작용이 발생한다. 그러므로 신용카드보다는 통장 잔고 범위 내에서 쓸 수 있는 체크카드를 사용하는 것이 좋다. 신용카드는 비상용으로 1개만 남기고 나머지는 정리한다.

체크카드는 사용 즉시 통장에서 바로 돈이 빠져나가기 때문에 절대 예산을 초과해서 쓸 수 없다. 일주일 또는 한 달 예산을 세우고 그만큼만 체크카드 통장에 넣어두고 사용한다. 체크카드로 소비 습관이 잡히면 스스로 예산에 맞춰 살아가는 자신을 발견할 수 있다. 물론 처음에는 고통스럽고 힘들지만 어느새 익숙해지는 순간이 온다. 꾸준히 노력하면 습관으로 바뀌고 그다음 단계로 넘어갈 수 있다.

상품TIP 정부지원 카드로 10% 할인받기

지자체에서 운영하는 지원 사업을 확인해 신청해보자. '행복 페이'는 지역의 은행에서 카드를 발급받아 현금을 충전하면 지역 내에서 5~10% 할인된 금액으로 사용할 수 있다. 30% 소득공제도 받을 수 있다.

>> 신용카드 단념하기

◆ 현재 가지고 있는 신용카드의 개수는?

◆ 소비 습관에 맞는 체크카드 찾아보기
예) 캐시백, 할인 혜택 등

>> 지금 당장 시작하기 - 단 하나의 신용카드 찾기

1 ● 혜택 1위 신용카드는?

2 ● 신용카드로 받는 혜택은 얼마나 될까?

3 ● 카드 피킹률(혜택)을 계산해보고 가장 좋은 카드만 남기자!

● 신용카드 피킹률

☐ **5% 이상** 혜택이 괜찮은 카드군요

☐ **3~5%** 특정 혜택을 받기 위해
         신청한 카드군요

☐ **1~3%** 그냥 신용카드군요

☐ **1%** 이 카드 왜 쓰는 거죠?

● 피킹률 계산법

$$\frac{월평균 \ 혜택 \ 금액 - (연회비/12)}{월평균 \ 총 \ 사용 \ 금액}$$

TIP

피킹률이 높을수록 내가 많은 혜택을
누리고 있다는 사실! 지금 가지고 있는
신용카드의 피킹률을 계산해보고 혜택
이 적거나 잘 사용하지 않는 카드는 바
로 정리하자.

>> **카드 1개만 사용하기**

● 내 카드 피킹률 TOP 1

카드명	월 할인 금액	월 사용 금액	연회비	피킹률	순위

● 카드 1개만 남기려면?

> **TIP 카드 해지 준비하기**
>
> 신용카드 사용을 줄이고 체크카드 위주로 사용한다. 카드값을 모두 결제하고 나서 카드를 해지하고 내가 가진 현금 안에서 생활한다. 카드 결제 금액을 모두 정리하는 데 한두 달이 걸릴 수 있다.

☐ 내가 가진 현금 안에서 다음 달 소비 계획하기

Q 내가 가지고 있는 현금은 얼마?

Q 카드 결제 금액은 얼마?

Q 카드값을 제외한 현금은 얼마?

● 체크리스트　　☐ 카드 피킹률 점검하기　　　☐ 남은 연회비 환급 확인하기

☐ 불필요한 카드 해지하기 TIP (캐시포인트는 현금화 후 해지하기)

MISSION CLEAR　☐　카드 1개만 남기기

LET'S GET RID OF THE CREDIT CARD

03

돈을
모으는 방법

OW TO SAVE MONEY

1

잔돈 모으기

돈 모으기에 재미를 더해보자.

현금을 쓴다면 예쁜 저금통을 하나 준비하고 잔돈이 생길 때마다 저금통에 넣는다. 돈을 넣는 재미도 있고 돈이 불어나는 과정을 눈으로 직접 볼 수 있어 뿌듯하다.

요즘은 번거롭게 현금을 들고 다니기보다 카드나 간편 결제를 이용하는 사람이 더 많다. 현금을 사용하지 않으면 어떻게 저금통에 돈을 모을까? 금융 앱을 활용하면 잔돈 모으기가 가능하다.

Q 돈 모으기에 재미를 더하는 나만의 방법 적어보기

지금 당장 시작하기 - 저금통 만들기

카카오뱅크에 잔돈을 모을 수 있는 저금통 통장이 있다. 입출금통장 잔고 중 1,000원 미만의 잔액, 예를 들어 9만 4,500원이라면 500원을 저축하는 것이다. '주말에도 잔돈 모으기'와 같이 '모으기 규칙'을 추가할 수 있다. 매월 5일 저금통 통장 잔고를 확인하고, 최대 10만 원이 채워지면 자동 만기가 된다. 10만 원을 모으는 데 약 3개월 정도 걸리니 1년에 네 번 정도 찾을 수 있다. 잔돈 모으기로 1년에 최대 40만 원을 모으는 셈이다.

저축은행에도 잔돈 모으기 상품이 있다. 웰컴저축은행 '잔돈자동적금'은 카드 결제 후 1,000원 이하의 잔돈을 적금 계좌에 자동 적립하는 상품이다. 예를 들어 체크카드로 3,500원을 결제하고 계좌에 1,500원이 남아 있다면 500원은 자동으로 적금 통장에 입금된다.

토스뱅크나 카카오뱅크에는 '잔돈 모으기', '잔돈으로 투자하기' 상품도 있다. 일부 은행을 예로 소개했지만, 통장에서 1,000원 미만의 자투리를 모으는 재미가 쏠쏠하니 한번 도전해보자.

≫ 잔돈 모으기 워크시트

◆ 잔돈 모으기 시작일

◆ 잔돈 모으기 종료일

◆ 모으기 규칙 또는 투자 상품

◆ 만기 금액 또는 잔고(수익률)

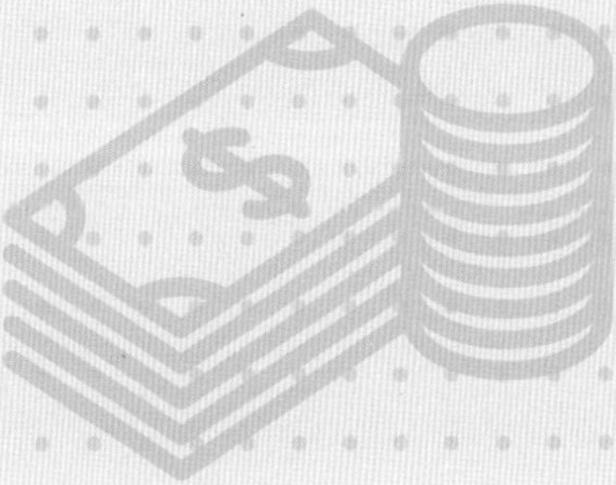

MISSION CLEAR ☐ 잔돈 모으기

저축 계획 세우기

입출금통장에 현금을 그냥 쌓아두는 사람들이 있다.

특히 젊은 남성들이 이런 경우가 많다. '머니테크' 프로
그램에서 만났던 MC그리도 입출금통장에 돈을 그냥 쌓
아뒀다고 한다. 그 이유를 물어보니 "어떻게 해야 할지
몰라서요."라고 답했다.

입출금통장에 돈을 넣어두기만 하는 것은 아무런 도움
이 되지 않는다. 입출금통장은 이자가 거의 없다. 적게는
0.05%, 많아 봐야 0.1%다. 1,000만 원을 1년 넣어두어도
5,000원에서 1만 원의 이자가 지급된다.

Q 나의 현금 관리법

입출금통장에 차곡차곡 모아두지 말고 적금을 들어보자. 적금을 추천하는 가장 큰 이유는 쉽게 찾을 수 없기 때문이다. 이율이 더 높은 파킹 통장도 있지만 입출금이 자유로운 것이 단점이다. 언제든 출금할 수 있다면 금방 써버리기 쉽다.

출금이 쉽지 않은 적금 상품에 넣어둬야 돈도 모으고 이자를 한 푼이라도 더 받을 수 있다. 적금 가입을 할 때 핵심은 정해진 기간 동안 정해진 날짜에 자동이체하는 것이다. 비정기적으로 매월 꼬박꼬박 직접 입금하기는 쉽지 않다. 마음먹을 때마다 입금했더라면 이미 목돈을 모으고도 남았을 것이다.

Q 나의 첫 적금은 언제였나?

Q 나의 첫 적금 만기의 기억은 언제인가?

Q 중간에 해지했다면 그 이유는 무엇인가?

Q 내가 적금을 끝까지 넣지 못하는 진짜 이유는 무엇일까?

**적금에 가입한 사람들 중 만기를 채우는 경우는
절반 정도라고 한다.**

유튜브 채널에서 '6개월 적금 챌린지'를 진행한 적이
있다. 6개월짜리 적금을 넣고 매주 적금 인증을 하며
만기까지 함께 돈을 모으는 것이었다. 처음에는 300명
이 넘는 사람이 신청했다. 하지만 6개월 만기까지 넣은
사람은 30명도 채 되지 않았다. 전체 인원의 10% 정도
만 만기에 목돈을 찾았다.

>> 이들 중에는 적금 만기까지 넣어본 게
처음이라는 사람도 있었다. 처음으로
만기에 목돈을 찾는 기쁨을 경험하니
그다음부터는 계속 적금을 가입하게 되
었다고 한다.

처음 돈을 모을 때는
적금부터 시작하는 것이 좋다.

쓰고 남은 돈을 모으기보다 매월 얼마
씩 넣어야 하는 강제성이 필요하다.

적금 이율이 낮아서 고민하는 사람들도 있는데 간혹 5%대 이상의 고금리 특판 적금 상품이 나오기도 한다.

하지만 가입 금액이나 기간, 신용카드나 보험 상품 가입 등 조건을 맞추기 어려운 상품들도 있다. 적금 이율이 높아 보여도 부수적인 요건들 때문에 실제로 받는 이자 금액의 차이는 몇천 원밖에 되지 않는다.

적금 이자를 기대하기보다는 매월 꾸준히 목표 금액을 채운다고 생각하면 돈을 더 빠르게 모을 수 있다.

적금을 한 달에 몇 번씩 얼마를 넣어야 할지 모르겠다고 하는 사람들이 있다. 금액이나 주기는 따로 정해진 것이 없다. 매일, 매주, 매월 내가 원하는 주기별로 원하는 금액을 설정하면 된다. 기존 은행의 적금 상품을 가입할 수도 있지만, 소비 습관과 연결해 적금을 넣는 방법을 정리해봤다. 이왕이면 좀 더 재미있고 신나게 돈을 모아보자.

Advantage
Rate

1) 쇼핑 적금

돈을 모으고 싶지만
쓰는 재미를 느끼고 싶은 마음도 **당연한 감정이다.**

돈을 쓰고 싶은 마음을 억누르다 보면 왜 이렇게 살아야 하나 싶은 마음이 들기도 한다. 그럴 때 도움이 되는 것이 소비 폭발 방지를 위한 쇼핑 적금이다.

사고 싶지만 꼭 필요한 물건은 아니라면 그 금액만큼 적금을 넣는다. 예를 들어 비슷한 색상과 스타일의 옷을 산다는 생각이 들면 그 옷값만큼 입금한다. 옷장을 열어보면 사려고 했던 옷이 이미 있는 경우가 많다. 그렇게 3개월, 6개월, 1년 동안 열심히 모아보자.

Q 쇼핑 습관 점검해보기
 – 필요 이상으로 자주 사는 것들이 있는가?

Shopp -ing Habits

2만 원, 3만 원씩 6개월 동안 넣었더니 쇼핑 적금에 무려 40만 원이 모였다. 적금으로 넣지 않았다면, 물건이 그만큼 쌓였을 것이다. 1년이면 자그마치 80만 원이다.

쇼핑 적금을 넣으면 공돈이 생긴 기분도 들지만 물건을 살 때 정말 나에게 필요한 물건인지 다시 한번 생각하는 습관이 생긴다.

습관이 자리 잡은 후에는 쇼핑 적금을 넣지 않아도 소비를 잘 조절하게 된 자신의 모습을 발견할 수 있다.

TIP 바로 결제하지 마세요.

☐ 장바구니에 담아두고 일주일 뒤에 다시 살펴보기

2) 소비 습관 적금

**매일 아낀 교통비, 커피값, 배달 음식비 등을
한 달 정도 따로 모아본다.**
내가 아낀 만큼 돈이 모인다는 사실을 눈으로 확인
할 수 있다.

그냥 아끼는 것과 내가 얼마를 아꼈는지 잔고로 확
인하는 것은 느낌이 다르다. 돈 모으는 습관이 몸에
배지 않았거나 지금까지 모은 돈이 너무 적다고 느
껴질 때, 소비 습관 적금에 쌓이는 잔고를 보면 동기
부여도 되고 스스로를 응원할 수 있다.

TIP 생활비에 넣지 마세요.

아낀 만큼 늘어나는 금액을 직접 눈으로 확인하세요.
작은 성공이 반복되면 자신감도 높아집니다.

3) 매일 미션 적금

돈을 모으려고 마음먹은 순간 나는 게으른 사람에서 부지런한 사람으로 바뀌어야 한다.

조금 더 걷고 조금 더 열심히 움직여야 하기 때문이다. 이렇게 노력한 나에게 자그마한 보상을 주는 것은 어떨까?

매일 아침 30분 일찍 기상했다면 300원, 5킬로미터 걷기를 달성하면 500원, 커피 대신 물 마시기 건당 100원 등 노력한 만큼 금전으로 환산해서 적금을 넣는다. 이렇게 모은 돈으로 카페에서 조금 비싼 음료를 사서 마신다든가 하는 소소한 행복을 느껴보자. 고생한 나에게 주는 선물이다.

나 자신에게 응원과 격려를 보낼 수 있는 미션 적금으로 성취감과 돈 모으기를 한꺼번에 경험해보자.

Q 만들고 싶은 습관은 무엇인가?

Q 보상 금액은 어느 정도인가?

Q 나만의 규칙 만들기

쇼핑 적금·
미션 적금 만들기

Install-
ment
Savings

◆ **하나은행 '오늘은 얼마니?' 적금**
(소비 습관 적금, 매일 미션 적금)
매일 문자로 '오늘은 얼마니?'라고
적금액을 물어보고 '1만 원', '3만
원' 이라고 답장을 보내면 적금 통
장으로 바로 입금되는 하나은행의
적금 상품이다. 매일 문자로 얼마
를 넣을 지 물어보니 소비할 때도
한 번 더 생각하면서 아끼게 되고,
얼마를 넣어야 할지 고민하게 되니
적금 습관을 들이기에 딱이다.

◆ **농협은행 '샀다 치고' 적금**
(쇼핑 적금)
농협의 올인원뱅크에는 '샀다 치
고'적금이 있다. 사고 싶은 물건이
있으면 그 금액만큼 적금을 넣는
상품이다. 소비를 줄이면서 저축
금액을 높일 수 있다.

◆ **카카오뱅크의 26주 적금**
(적금 만기 도전)
26주(6개월)동안 넣는 적금 상품
으로 2번 넣으면 52주(1년) 완성.
1,000원, 2,000원, 3,000원…… 매

주 1,000원씩 적금 금액이 늘어나니 첫 적금 습관 만들기 상품으로 추천한다.
적금을 가입하고 끝까지 넣어본 적이 없다면 첫 만기의 기쁨을 경험해보자!

예적금 이자 높은 곳이 궁금하다면?

은행 상품, 특히 예적금 상품은 원금을 잃지 않으면서 가장 안전하게 보관할 수 있는 방법이다.
땅에 묻어두거나 금고에 넣어두지 않고 은행에 맡기면 조금이라도 이자를 받을 수 있다.
예적금과 같은 금융 상품을 알아볼 때 이용하면 좋은 사이트를 살펴보자.

◆ 금융소비자포털 파인
금융감독원에서 만든 사이트로 다양한 금융 정보가 들어 있으니 자주 살펴보면 좋다. 이자 비교도 가능한데 금융 상품 메뉴에 들어가면 적금, 예금, 펀드, 대출, 보험까지 다양한 상품을 비교해볼 수 있다.

A
High
Interest
Rate

◆ 마이뱅크

은행, 새마을금고, 신협, 저축은행의 적금, 예금 등 다양한 상품을 조회할 수 있다. 환율 비교 서비스도 제공하는데 은행별 환율부터 가장 낮은 환율로 거래할 수 있는 환전소까지 비교할 수 있다.

◆ 은행연합회 소비자 포털

예금, 적금, 대출 등 제1금융권에서 가입할 수 있는 다양한 상품들의 금리를 비교해볼 수 있다. 가계대출, 주택금융공사 금리는 물론 송금, 대출, 외환 수수료도 비교해볼 수 있다. 특히 대출 금리나 예금 금리에 대한 궁금증을 이해하기 쉽게 잘 정리해두었다.

◆ 저축은행중앙회

저축은행의 상품만 모아둔 사이트다. 정기예금, 적금, 주택담보대출, 중금리 신용대출 등을 비교할 수 있다. 저축은행을 이용할 예정이라면 나에게 필요하고 꼭 맞는 상품을 더 빠르게 찾을 수 있다.

◆ 생명보험협회 공시실

보장성·저축성 보험, 변액보험, 퇴직연금, 연금저축, 실손의료보험 등 보험사별로 공시이율과 적립이율을 한눈에 확인할 수 있다.

◆ 손해보험협회

숨은 보험금 찾기와 자동차보험 상품 비교를 할 수 있다. 자동차 포털에서는 자동차보험 가격 비교부터 중고차 사고 이력, 침수 여부 조회, 차량 가액 조회, 자동차 사고 발생 시 자동차보험 과실 비율 정보, 갱신 시 환급보험료 확인 가능 사이트를 안내한다.

◈ 유의할 점

다양한 사이트를 통해 상품과 금리를 비교해볼 수 있지만 실시간 반영되는 것이 아니므로 전화로 확인해볼 필요가 있다. 특판 상품은 비교 사이트에서 검색조차 되지 않는 경우도 있다. 지점에 특판상품이 나올 때 연락해달라고 요청하거나 마케팅 동의를 통한 안내 문자를 받으면 편리하다.

마이뱅크뿐만 아니라 다양한 핀테크 플랫폼에서도 비교할 수 있다. 핀테크 앱은 쉽고 편리하지만 협업 중인 금융사의 상품정보 위주로 보여주기 때문에 유의해야 한다.

가입하려는 상품이 있다면 전체적으로 조회할 수 있는 금융소비자포털 파인을, 시중은행, 저축은행, 보험과 같이 특정 상품군을 좀 더 정확하게 비교하고 싶다면 은행연합회나 보험협회를 통해 찾아보는 것이 좋다.

금융 상품의 경우 여러 상품을 비교해서 선택해야 하는데, 포털에서 검색하면 자세한 정보가 없을 뿐만 아니라 부정확한 정보, 광고 홍보성 게시글이 많아서 원하는 정보를 찾기 어렵다. 신뢰할 만한 정보를 제공하는 곳에서 비교해본 후 금융사에 현재 시점의 정보와 맞는지 확인하고 가장 괜찮은 상품을 선택하면 된다.

SET THE DAILY BUDGET

>> 저축 목표 세우기

◆ 저축 목표 세우기

예) 6개월에 1,000만 원 모으기, 3개월 쇼핑 적금

◆ 적금 상품 가입하기

- 내가 가입할 적금은 무엇인가?

- 적금 기간은 어느 정도로 설정하는가?

- 매월 자동이체 금액은 얼마인가?

- 만기 예상 금액은 얼마인가?

적금이 처음이라면 적금 만기까지
꾸준히 넣는 것을 목표로 시작해보자!

이번 적금 만기를 채워야
다음 적금도 가입할 수 있다.

**돈 모으기의 첫 시작
적금으로 성공하기!**

04
WAYS T

돈을
더 버는 방법

EARN MORE MONEY

1

나만의 부수입 만들기

지금부터는 돈을 더 많이 벌어서 저축률을 올리는 방법이다.
돈을 더 많이 벌려면 그만큼 시간이 필요하다. 매일 무엇을
할지, 시간을 어떻게 활용할지를 고민하고 선택해야 한다. 무
엇보다 작더라도 매일 실천할 수 있는 방법이어야 한다.

뭔가를 해보고 싶지만

지금 당장 뭘 해야 할지 모르겠다면

앱테크부터 시작해보자.

매일 영수증으로 50원씩만 적립해도 한 달
이면 1,500원을 모으고, 하루 만보 걷기로
100원씩 적립하면 한 달에 3,000원을 모
을 수 있다. 금액은 적지만 잠깐의 투자로
수익을 얻는 경험을 쌓을 수 있으니 초보
자에게 추천한다. 새로운 혜택이나 재미있
는 방식으로 돈을 모으는 앱테크들이 계속
나오고 있으니 블로그나 유튜브에서 앱테
크로 검색하고 그중 관심 가는 것부터 시
작해보자.

최근에는 메타버스에 대한 관심이 높아지면서 플랫폼 안에서 돈을 버는 사람들도 있다. 로블록스, 제페토와 같은 플랫폼 안에서 아바타가 착용할 수 있는 아이템을 디자인해서 판매하거나 게임을 만들어서 판매하기도 한다.

많은 것들이 빠르게 변하고 있다. 여기에 발맞춰 새로운 지식이나 취미를 배우고자 하는 사람들도 많아지고 있다. 그에 따라 다양한 클래스 플랫폼이 생겨나고 새로운 클래스에 대한 수요도 늘고 있다. 본업 이외에 특정 분야의 취미나 지식이 있다면 필요한 사람들을 대상으로 유료 클래스를 진행할 수도 있다.

Ways
To
Earn
More
Money

'말이 쉽지, 그게 되겠어?'
라는 생각이 들 수도 있다.

시작부터 '어렵다', '안 된다'라고 생각하기보다
'한번 해보자'라는 가벼운 마음으로 시작해 하나
씩 도전해보자.

매월 30만 원 더 버는 파이프라인

◆ 하루 5분 돈 벌기

1) 건강 앱테크

매일 사용하는 핸드폰 앱을 통해 돈을 버는 방법이다. 앱테크 초보라면 건강도 챙기고 돈도 받는 만보기 캐시백으로 시작해보자. 하루 1만 보를 걸을 때마다 100원씩 보상해주는데 사람들이 많이 쓰는 앱으로 캐시워크와 토스만보기가 있다. 매일 새로운 방법이 나오니 보상액이 조금 더 높거나 재미있는 앱을 찾아보자.

2) 출석 앱테크

회원 가입을 하고 매일 출석 체크를 하면 포인트를 쌓아준다. 일정 금액 이상 포인트가 쌓이면 현금이나 상품으로 바꿀 수 있는데 여러 앱을 활용하면 꽤 많은 현금을 모을 수 있다. 30초에서 1분만 투자해도 매일 조금씩 현금 포인트가 쌓인다.

3) 영수증 앱테크

네이버 앱에서 방문 장소의 영수증

을 인증하면 1건당 50포인트씩 적립해준다. 물건 구매 후기를 남기면 추가로 포인트를 적립해주니 영수증만 잘 챙겨도 포인트가 쌓인다.

4) 설문조사 앱테크

쿠팡을 자주 이용한다면 쿠팡에서 진행하는 설문조사를 해보자. 간단 설문을 등록하면 500원, 화상으로 연결하는 심층 인터뷰를 하면 1만 원 캐시백을 해준다. 핸드폰으로 20분 정도만 응답하면 1만 원을 받을 수 있어서 경쟁률이 높은 편이다. 설문조사를 전문으로 하는 패널 파워, 패널 나우 등도 있다. 간단한 설문부터 오프라인으로 진행하는 설문까지 최소 50포인트에서 많게는 1만 포인트까지 적립해준다. 앱테크는 아니지만 오프라인으로 진행하는 설문조사인 간담회, 좌담회에 참여하면 더 많은 금액을 받을 수 있다. 참여 시간이나 조사 내용이 조금 더 자세한 만큼 보상액이 더 많은 편이다. 단점은 1년에 한두 번으로 횟수

제한이 있고 신청 요건이 있거나 선발 인원이 적어 경쟁률이 높다는 것이다.

◆ 생활비 더 벌기
체험단, 자문단 활용하기

SNS 활동이 취미라면 각종 체험단 이벤트에 도전해볼 수 있다. 쿠팡은 체험 후기를 작성하는 조건으로 해당 제품을 제공한다. 화해는 화장품 무료 체험을 신청하면 제품을 받아 사용해보고 리뷰하면 된다. 신상품부터 현재 시판되고 있는 제품을 제공하고 있어 이 또한 경쟁률이 치열하다.

오프라인 후기 체험은 미용실, 식사권, 스터디룸 2시간 이용권, 요가 1회 이용권, 카페 무료 음료, 디저트 제공까지 다양하다. 모집 전문 사이트에서 각 업체가 요청하는 조건에 맞게 작성하면 된다. 제품 체험단 활동만 잘 활용해도 지출이 줄어들고 기분 전환도 할 수 있다.

>> **Q** 내가 할 만한 체험 목록 적어보기

LIST OF
EXPERIENCE
GROUP

◆ 콘텐츠로 돈 벌기

1) 온라인 클래스 강사 도전하기

자기계발에 대한 관심이 높아지면서 온라인 클래스 수요도 늘어났다. 클래스 종류도 취미부터 전문적인 영역까지 다양하다. 한 분야에 대한 전문지식을 가지고 있거나 인플루언서로 활동하고 있다면 야나두 클래스, 클래스 101, 탈잉 등의 플랫폼에서 강의를 개설할 수 있다. 재능 마켓인 크몽, 숨고 등을 통해 재능을 판매하는 방법도 있다. 디자인, 외국어, 개인 레슨, 문서 작성, 콘텐츠 제작, 상담 등 다양한 분야의 재능을 공유하고 한 번에 몇만 원에서 몇십만 원까지 벌 수 있다.

2) 콘텐츠 판매하기

콘텐츠라고 하면 유튜브 영상이나 인스타그램, 블로그를 떠올리지만 우리의 모든 활동이 콘텐츠가 된다. 평소에 사진이나 영상을 찍는 취미가 있다면 내가 찍은 사진을 판매해보자. 이미지나 영상 플랫폼에서 요구하는 양식에 맞게 촬영해서 업로드하면 사람들이 구매하는 만큼 수익이 쌓인다.

Q 내가 생산할 만한 콘텐츠 구상해보기

◆ 하루 1시간 더 벌기

1) 배달 아르바이트

도보나 자전거, 퀵보드 등을 활용해 매일 2~3시간 정도 배달 아르바이트를 하는 사람들이 점점 늘고 있다. 배달 앱을 통해 신청하면 안전교육 이수 후 바로 시작할 수 있다.

2) 심부름 아르바이트

개인 심부름을 대신해주고 돈을 버는 앱들도 있다. 뉴스에서 자주 보이는 명품 오픈런 줄 서기, 맛집 줄 서기, 장보기, 가구 조립, 형광등 교체, 가사 도우미, 서류 전달, 청소 등 다양한 업무 대행 요청이 있다. 대행하려는 사람이 적절한 가격을 제시하고 신청인이 수락하면 거래가 성사된다. 김집사, 써지니, 애니맨 등 다양한 심부름 플랫폼이 있으니 조건을 잘 살펴보고 시작해보자.

>> 내가 할 수 있는 파이프라인 찾아보기

◆ 하루 일과를 기록해보자.

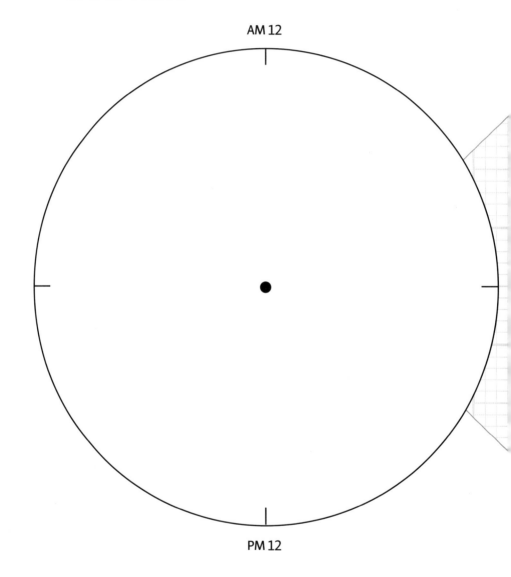

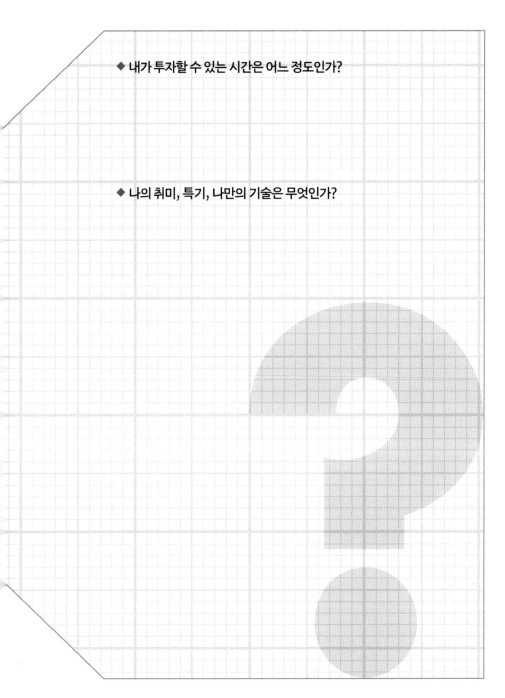

◆ 내가 투자할 수 있는 시간은 어느 정도인가?

◆ 나의 취미, 특기, 나만의 기술은 무엇인가?

>> 지금 당장 시작할 수 있는 방법을 찾아보자.

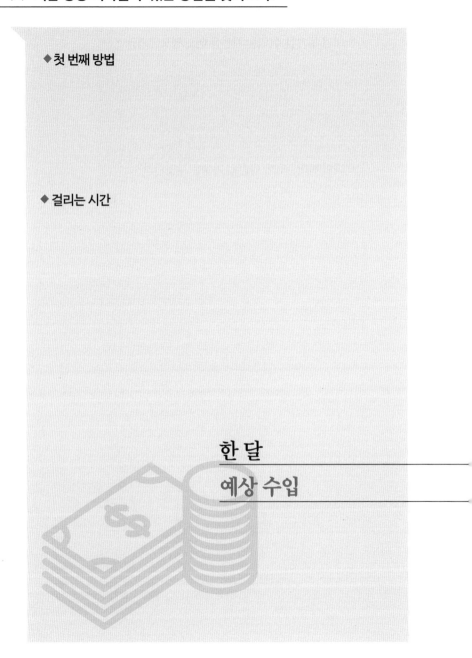

◆ 첫 번째 방법

◆ 걸리는 시간

한 달
예상 수입

◆ 두 번째 방법

◆ 걸리는 시간

한 달

예상 수입

>> 지금 당장 시작할 수 있는 방법을 찾아보자.

◆ 다양한 N잡 아이디어

2

돈으로 돈 벌기,
소액투자 시작하기

1. 소액투자로 시작해야 하는 이유

남들이 하니까 나도 해야겠다는 마음으로 투자를 시작했다
손실이 나면 그다음부터는 투자에 대한 거부감이 생긴다.

왜?

다음에 또 손실을 볼 수도 있다는 생각이 앞서기 때문이다.
그래서 투자는 소액으로 시작해야 한다. 모든 것을 다 알고
나서 투자할 수는 없다. 공부하면서 투자 경험을 쌓고 부족
한 것은 다시 공부하는 방식으로 해야 한다.

Q 나의 첫 투자는?

Q 투자 결과는?

Q 투자 후 든 생각은?

이렇게 시작해야

투자로 이익이 나는 이유와

손실이 나는 이유를 알 수 있다.

투자 상품에 대해 정확히 알고 투자하면 기대수익과 손실을 예상할 수 있다. 손실 위험이 크다면 이 부분을 보완하는 방법까지 준비해야 하므로 재테크 공부가 필요하다. 100만 원부터가 아니라 내 수입의 1% 또는 저축 금액의 1%와 같이 소액으로 시작해 3%, 5% 등 천천히 비중을 늘려나간다.

새로운 투자처나 플랫폼이 매일 쏟아지는 세상이다. 흥미로운 투자 상품이 있다면 관련 리뷰와 정보들을 충분히 살펴본 후에 투자해도 늦지 않다. 수익도 손실도 결국 나의 몫이니 충분히 알아보고 선택한다.

>>

Q 현재 투자하고 있는 금액은?(자산의 몇 %)

Q 현재 수익률은?

Q 목표 수익률은?

◆ 수익 목표 (%,   원)

◆ 손실 목표 (%,   원)

1▶ 주식 쪼개기
- 잔돈 소수점 주식투자

'테슬라 주식 1주를 사려면 100만 원, 애플 주식 1주를 사려면 20만 원은 있어야 하는 거 아니야?'라고 생각하겠지만, 잔돈으로도 소수점 투자를 할 수 있다.

일부 금융 앱으로 펀드, 국내주식, 해외주식에 잔돈 투자를 할 수 있다. 카카오페이는 잔돈으로 다양한 테마 펀드에 투자할 수 있다. 한국투자증권은 미니스탁 서비스를 통해 1,000원 단위로 미국주식 주문이 가능하다. 제휴를 맺고 있는 카카오뱅크에서 간편하게 가입하고 거래할 수 있다.

신한금융투자는 해외주식 소수점 투자 서비스를 제공하고 있는데 1만 원부터 해외주식을 소수점으로 살 수 있다. 신한카드는 카드 결제 대금의 자투리 금액으로 해외주식에 투자할 수 있는 '해외주식 소액 투자 서비스'를 제공한다. 앞으로 소액투자 서비스를 점점 늘려나가는 추세여서 선택의 폭이 더 넓어질 예정이다.

유의할 점은 잔돈 투자의 경우 소액으로 할 수 있지만, 예약 구매 방식이라 현재의 시점으로 사고팔 수 없다는 것이다.

잔돈 투자를 조금씩 경험하면서 공부를 계속하는 것은 추천하지만 그냥 한번 해볼까 하는 마음으로 시작하는 것은 추천하지 않는다. 꾸준히 공부하지 않을 바에야 투자보다 돈을 모으는 것에 조금 더 집중하자.

2▶ 나도 건물주
- 조각투자

한 번에 목돈을 투자하는 것이 아니라 많은 사람들이 나눠서 공동으로 투자할 수 있는 조각투자 방법도 있다. 카사 플랫폼은 건물을 1댑스 단위로 쪼개 판매하고 주식처럼 거래할 수도 있다. 건물을 판매해 수익이 나면 투자자들에게 일정 비용을 제외하고 돌려준다.

미술품을 1조각씩 투자할 수 있는 미술 거래 플랫폼, 음원 저작권을 주식처럼 거래할 수 있는 플랫폼도 있다. 조각투자의 경우 수요가 많지 않으면 거래가 힘들 수도 있고, 시세에 따라 수익이 결정된다.

3▶ 투자금 쪼개기
- 크라우드 펀딩

많은 사람들이 함께 투자할 수 있는 크라우드 펀딩 상품도 있다. 소를 키워서 판매하기까지의 과정에 투자하는 뱅카우나 명품을 펀딩으로 구매해 시세가 오르면 판매해서 수익을 내는 상품도 있다. 혼자서는 금액이 부담스럽지만 여러 사람이 모여 큰돈을 만들면 가능하다.

유의할 점은 제품 출시나 투자 건이 완료될 때 수익이 발생하기 때문에 투자 상품에 따라 장기간이 소요될 수 있고 손실이 날 위험도 있다는 것이다. 그리고 새로운 투자 방식이나 플랫폼인 경우 투자자를 법적으로 보호하는 기반이 부족할 수 있으니 내용을 꼼꼼히 살펴보고 다른 투자자들의 리뷰도 참고해 신중히 선택해야 한다.

4 ▶ 개인간 대출 플랫폼
- P2P

개인과 개인의 대출을 중개하는 플랫폼도 있다. P2P(Peer-to-Peer) 대출은 은행 대신 플랫폼이 중간에서 연결하는 역할을 한다. 은행은 금융기관에서 돈을 모아 필요한 사람들에게 돈을 빌려주지만 누구에게 빌려주는지는 알 수 없다. 하지만 P2P는 돈이 필요한 사람에게 내가 직접 빌려주는 방식으로 개인 간에 이뤄지는 대출 거래인 셈이다. 따라서 어느 지역, 어떤 아파트를 담보로 제공하고 돈을 빌려가는지, 이유는 무엇인지 직접 확인할 수 있다.

적게는 1만 원부터 100만 원 단위로도 빌려줄 수 있고, 대출이자는 담보 물건에 따라 다르게 적용된다. 종류도 주택담보대출부터 신용대출, 소상공인대출, 건축대출(프로젝트 파이낸싱)까지 다양하다. 개인 간의 거래여서 연체될 수도 있고 연체가 장기간 지속될 수도 있기 때문에 투자 시 자금 용도, 등기부등본, 신용정보 등을 충분히 확인하고 투자해야 한다.

대출 중개 플랫폼들은 대부업으로 분류되어 있어 세율도 27.5%(이자소득세 25% + 지방소득세 2.5%)다. 대부업은 대출 조건이 기존 금융권보다 까다롭지 않다. 개인마다 상황이 다른 만큼 수익조건을 잘 살펴보고 투자를 선택해야 한다.

5 ▶ 현대판 계모임

'아임인'은 과거에 사람들이 돈을 융통하던 계모임 방식으로 참여하는 온라인 투자 플랫폼이다. 5명이 매월 50만 원씩 적금을 넣으면 첫 달에 250만 원이 모인다. 혼자서는 50만 원씩 5개월을 모아야 하는 돈이다.

첫 달에 받아가는 사람은 한 번만 내고 목돈을 받는다. 마지막에 받아가는 사람은 늦은 만큼 이자를 받는다. 돈이 필요한 사람과 이자를 더 받고 싶은 사람을 연결하는 방식이다.

◆ 실제로 투자한 사람들의 리뷰 살펴보기

Q 장점

Q 단점

Q 주의할 점

>> 목표 적어보기

◆ 관심이 가는 투자 방법은?

◆ 내 자산의 몇 %(얼마)로 시작할까?

☐ 1%   ☐ 2%   ☐ 3%   ☐ 4%   ☐ 5%   ☐ 10%   ☐ 기타 (   )

◆ 투자 수익/손실 금액 계산해보기

	투자 금액	수익 금액
목표 수익률 (%)	원	원
목표 손실률 (%)	원	원

GOAL
-SETTING

3

최고의 투자 '나테크'

1. 성장 프로젝트

직장인에게 가장 큰 수입은 일을 해서 버는 돈이다. 내 몸
값을 올려서 더 많은 연봉을 받거나 새로운 경력을 쌓아서
더 많이 벌 수 있는 기회를 찾는다.

Q 현재 나의 월급(생활비)은 얼마인가?

Q 지난해 총소득은 얼마였는가?

직장인이라면 내가 하고 있는 일에서 추가로 수당을 더 받을 수 있는 자격증을 취득하거나 승진을 위한 직무 스펙을 쌓는다. 이것은 회사 좋으라고 하는 것이 아니다. 남다른 커리어와 노하우가 쌓이면 대체 불가능한 인재로 거듭날 수 있다.

유일무이한 존재가 되면
몸값은 자연히 올라간다.

자신만의 무기를 갖춘 사람은 어디를 가든 인정받는다. 그저 일을 해주고 돈을 받는 것이 아니라 내가 일하는 만큼 돈을 더 받을 수 있도록 자기계발을 꾸준히 하자.

Q 지금 하고 있는 일에서
  수익을 더 올릴 수 있는 방법은 무엇일까?

GROWING
PROJECT

2. 재테크 공부 시작하기

세계적인 부자이자 투자의 대가
워런 버핏은 하루에 얼마나 읽을까?

신문과 책을 포함해 5~6시간 이상 읽는다고 한다. 빌 게이츠
는 책을 읽기 위해 휴가를 떠나기도 한다. 은행을 찾는 부자
들 역시 기다리는 시간에는 어김없이 신문이나 뉴스를 본다.
돈이 되는 정보를 탐색하고 수집하는 것이다.

돈을 잘 모아서 굴리는 것도 중요하지만
어느 쪽으로 굴릴지 방향을 결정하는 것이 더 중요하다.
무작정 굴리다가는 바다에 빠뜨리거나 불구덩이에 밀어 넣
을 수도 있다. 나에게 최선의 방향을 설정해야 좋은 기회를
포착할 수 있다.

하나씩 공부하고 지식을 쌓을수록 돈이 되는 정보를 보는 안
목이 생긴다. 돈을 모으는 속도가 더딘 것처럼 공부의 효과도
느리게 느껴진다. 하지만 매일 꾸준히 새로운 정보를 흡수하
다 보면 어느 순간 돈이 되는 정보가 눈에 들어온다.

Q 작년에 읽은 책은 몇 권인가?

Q 책 리스트 작성해보기

Q 구독하고 있는 신문은 무엇인가?

1) 경제 흐름 이해하기 -
신문 구독률이 올라가는 이유

최근 종이 신문 구독률이 올라갔다고 한다. 신문을 펼쳐보면 어제 일어난 사건들을 확인할 수 있다. 물론 포털사이트에는 실시간 뉴스가 올라온다. 뉴스뿐만 아니라 특정 분야의 정보만을 정리해서 보여주는 신문들도 있다. 그만큼 다양한 선택지가 있다.

>> 신문사에서 제공하는 무료 뉴스레터부터 고급 정보를 담은 유료 뉴스레터, 특정 플랫폼에서 제공하는 마케팅 솔루션과 산업 동향을 알 수 있는 뉴스레터까지 원하는 정보를 얼마든지 찾을 수 있다.

처음 신문을 읽기 시작하면 용어부터 어렵게 느껴진다.

그럴 때는 경제 용어 해설집이나 경제 기사와 관련된 책을 읽으면 도움이 된다.

궁금한 분야에 관한 자료를 계속 찾다 보면 어느 순간 맥락이 머릿속에 들어온다.

빠르게 변하는 시대인 만큼 부자들도 매일 정보 수집에 공을 들이고 있다. 워런 버핏이나 빌 게이츠와 같은 슈퍼리치들은 하루에 30분, 길게는 5~6시간 이상 정보를 수집하는 데 사용한다.

재테크는
남들보다 더 많은 정보를 더 빨리 얻어서
더 빠르게 움직이는 것이다.

Why
Newspaper
Subscriptions
Are
Rising?

>> 오늘 뉴스 정리하기 1

날짜	키워드	신문사

내 용	
알게 된 것	
궁금한 것	

>> 오늘 뉴스 정리하기 2

날짜	키워드	신문사

내 용	CONTENTS
알게 된 것	LEARNED
궁금한 것	CONCERN

2) 관심 분야 이해하기 -
가성비 최강의 재테크 공부법

재테크를 시작하려는데 어떤 책을 읽으면 도움이 되는지 추천해달라고 하는 사람들이 많다. 그런데 재테크라는 용어의 범위가 넓은 만큼 책도 여러 분야로 나뉜다. 신문이나 뉴스를 해설해 경제정보를 알려주는 책, 부동산 정책을 분석하고 전망한 책 등 그야말로 다양하다. 돈을 모으면서 느꼈던 자신의 경험담이나 가치관을 담은 에세이도 있다. 베스트셀러도 좋지만 나에게 맞는 책을 고르는 것이 가장 중요하다. 경제 공부를 하는 과정에서 생각보다 많은 배경지식이 필요하기 때문에 이왕이면 관심이 가는 분야의 책부터 읽는 것이 도움이 되기 때문이다.

Q 나의 재테크 롤모델은 누구인가?

Q 롤모델로 삼고 싶은 이유는 무엇인가?

>> 댈님의 추천도서

1. **급여를 잘 관리하고 싶다면 :**
   『월급쟁이 재테크 상식사전』
   (우용표 지음, 길벗)

2. **경제 지식을 쌓고 싶다면 :**
   『경제기사 궁금증 300문 300답』
   (곽해선 지음, 혜다)

3. **주식이 처음이라면 :**
   『만화 주식투자 무작정 따라하기』
   (이금희 지음/윤재수 원저, 길벗)

4. **투자 철학이 필요하다면 :**
   『지혜롭게 투자한다는 것』
   (버턴 말킬, 찰스 D. 엘리스 지음, 부키)

5. **부자들의 성공 철학이 궁금하다면 :**
   『부자가 되는 사람들의 비밀』
   (월리스 와틀스 지음, 이다북스)

Q 관련 콘텐츠는 무엇이 있는가?(세미나, 책, 영상 등)

Q 내가 좋아하는 분야는?

경제 자체가 낯설다면 경제 만화부터 접근하는 것이 좋다.

용어나 개념 등 배경지식을 쌓기에 좋다. 모든 것을 외우고 이해할 필요는 없다. 쉬운 것부터 조금씩 알아가면 관련 분야에 대한 지식이 쌓여 신문 내용도 이해하게 되고, 아는 만큼 관심 분야도 더욱 넓어진다. 어느 정도 이해되었다면 관련 도서를 10권 정도 골라 깊이 있게 읽어본다.

Q 나에게 맞는 책 찾기

책 제목	주문	읽음
--------------------------------	☐	☐
--------------------------------	☐	☐
--------------------------------	☐	☐
--------------------------------	☐	☐
--------------------------------	☐	☐
--------------------------------	☐	☐
--------------------------------	☐	☐

재테크 고전으로 불리는 책들은 시대가 변해도 변함없는 진리를 담고 있어 지식의 바탕을 쌓기에 좋다. 100년 전 부자는 이미 세상을 떠나고 없지만 그들의 생각은 오늘날에도 여전히 유용하다.

TIP
☐ 중고도서 검색하기
☐ 신간 검색하기
☐ 책 주문 완료

MISSION CLEAR
☐ 나테크 준비하기

Q 부자들의 생각노트 : 책 속에서 찾은 명언 적어보기

>> 독서 계획 세우기

	제목	시작일	종료일	평점

제목	날짜	평점
	시작: 종료:	☆☆☆☆☆
핵심 키워드	# # #	

인상 깊은 내용

읽고 난 후

기억하고 싶은 한 줄

제목	날짜	평점
	시작: 종료:	☆☆☆☆☆

핵심 키워드	# # #

인상 깊은 내용

읽고 난 후

기억하고 싶은 한 줄

제목	날짜	평점
	시작: 종료:	☆ ☆ ☆ ☆ ☆
핵심 키워드	# # #	

인상 깊은 내용

읽고 난 후

기억하고 싶은 한 줄

>> 독서 노트 작성하기

제목	날짜	평점
	시작: 종료:	☆ ☆ ☆ ☆ ☆
핵심 키워드	# #	#

인상 깊은 내용

읽고 난 후

기억하고 싶은 한 줄

제목	날짜	평점
	시작: 종료:	☆ ☆ ☆ ☆ ☆
핵심 키워드	#　　　　#　　　　#	

인상 깊은 내용

읽고 난 후

기억하고 싶은 한 줄

3) 온라인 커뮤니티 활용하기

처음 재테크를 시작하면 궁금한 것들이 많이 생긴다. 같은 관심사를 가진 사람들이 모이는 커뮤니티에 가입해 정보를 얻을 수 있다.

앱테크, 짠테크, 신용카드, 월급쟁이, 부동산 등의 키워드로 검색하면 다양한 주제의 커뮤니티들이 있다.

>> 특히 부동산에 관심이 많다면 지역별 커뮤니티에 가입해서 최신 뉴스나 투자 정보를 공유한다. 관심사가 같은 회원들끼리 자유롭게 의사소통할 수 있는 것이 가장 큰 장점이다.

커뮤니티 활동을 할 때는 나에게 적합한 정보인지, **어떻게 활용할 것인지 추가 상담이나** 자료 조사를 하는 과정이 필요**하다.**

많은 사람들에게 적용되는 정보도 있지만, 개인의 상황에 따라 필요한 정보가 다르니 무조건 100% 신뢰하기보다 참고만 한 뒤 좀 더 찾아보는 것이 좋다.

>> 매일 성장하기 프로젝트

◆ 내가 할 수 있는 습관 체크리스트

□ 신문 구독하기

□ 하루 10분 신문 읽기

□ 경제기사 매일 3개 이상 읽기

□ 기사 내용 정리하기

□ 읽고 싶은 책 리스트 작성하기

□ 책 주문하기

□ 독서 목표 설정하기(예-한 달에 1권 완독하기)

□ 독서노트 작성하기

□ 인터넷 커뮤니티 가입하기

□ SNS 채널 주제별로 관리하기

□ _____

□ _____

하나씩 차근차근 무엇이든
시작했다면! □

MISSION CLEAR

05

SAVING

부자들의
돈 모으기

ONEY FOR THE RICH

부자들은 어떻게 돈을 모을까?

잔돈 모으기

특별한 비밀이 있을 것 같지만 실제로 들여다보면 우리가 알고
있는 것과 크게 다르지 않다.

나처럼 평범해 보이는
사람들이 부자가 될 수 있었던 비결은 뭘까?

Q 내가 아는 부자들은 누구인가?

　예) 삼성전자 이재용 부회장부터 우리 할아버지, 친구 아빠, 유튜브에서 만난 부자 등

부자들은 사소한 것들을
아끼는 습관이 있다.

휴지 한 장, 종이컵 하나도 함부로 쓰지 않는다. 절약하는 습관이 몸에 배어 있는 것이다. 돈을 잘 쓰는 사람이 부자가 아니라 '돈을 잘 다루는 사람'이 진짜 부자다.

Q 내가 생각하는 부자들의 습관은?

Q 내가 실천할 수 있는 부자의 습관 적어보기

실제로 내가 만난 부자들은
10원 하나도 허투루 쓰지 않는다.

예금 만기가 되면 끝전을 맞춰서 다시 예금하고 (115만 원이면 120만 원으로) 정확히 만기 날짜에 맞춰 연장한다. 전체 거래 내역을 보며 돈이 잘 들어오고 나가는지, 노는 돈은 없는지를 수시로 파악한다. 예를 들어 이자가 거의 없는 입출금 통장에 잔고가 쌓여 있다면 이자를 더 받을 수 있는 파킹 통장으로 바로 옮긴다.

>> **부자들은 사소한 정보 하나도 흘려듣지 않는다.**

새로운 상품이나 괜찮은 정보가 있으면 당장 가입하지 않더라도 귀 기울여 듣는다. 겉으로는 대충 듣는 것 같아 보여도 시간이 지나고 나면 정보의 핵심을 정확하게 기억하고 있어 깜짝 놀랄 때가 있다. 학습 태도가 아주 좋은 학생처럼 말이다. 궁금한 점은 이해할 때까지 물어본다는 점도 부자들의 특징이다.

부자들은 수익에만 집중하지 않고
리스크를 더 관리한다.

관련 시장 상황이나 변수까지 모두 고려하고 손실에 대한 정보를 정확하게 알고 난 뒤에 투자를 선택한다. 이렇게 해서 선택한 투자로 손실을 보더라도 크게 실망하지 않는다. 최선을 다해 판단했기에 결과에 대한 책임도 본인의 몫이라는 것을 안다.

부자들은 타이밍의 고수다.

부자들의 포트폴리오는 우리가 생각하는 것 이상으로 다양하다. 현금성 자산을 보유하기 위해 이율이 낮아도 예적금을 가입하고, 리스크가 있는 상품이라도 괜찮다는 판단이 들면 과감하게 투자한다. 적정한 상품이 없거나 타이밍을 기다려야 하는 시기에는 CD, 채권 등 적절한 상품을 활용한다. 사소한 것 같아 보이지만 지금 내 상황에서 할 수 있는 최선의 선택을 하고, 준비될 때까지 기다리면서 끊임없이 공부하는 것이 바로 그들을 부자로 만들어준 습관이다.

Q 나에게 필요한 부자 습관은?
예) 끝전 맞추기, 금융 상품 찾아보기 등

2

부자의 조건

매일 부자들을 만나면서 한 가지 궁금한 것이 있었다.

지금은 부자가 되었지만 그들도 시작이 있었을 것이다. '뭔가 특별한 비결이 있지 않을까?'라는 생각에 어떻게 부자가 되었는지 물어보면 대답은 간단했다.

돈 없이는 아무것도 할 수 없으니 우선 종잣돈을 열심히 모은다. 그다음 1/4지분의 조그마한 상가를 산다. 세를 받아 상가를 살 때 받은 대출이자를 내고, 또 열심히 돈을 모아서 그 상가를 팔아 조금 더 큰 상가를 사고 대출이자를 내기를 반복했다. 결론은 돈이 모이면 자산을 사들이고, 다시 돈이 모이면 자산을 팔아서 또 다른 자산을 사들이는 방법으로 부자가 되었다는 것이다.

'부자가 되려면 뭐부터 해야 할까요?'라고

물어보면 '돈부터 모아야지'라는

답변이 돌아온다.

결국 종잣돈을 모은 것이 부자가 되는 길의 시작이다. 부자들은 목돈이 필요하면 목표 금액 모으기에 돌입한다. 돈을 모아야 하는 타이밍에는 이자가 낮아도 투자 상품보다 안정적인 적금 상품을 활용한다.

돈 모으기야말로 부자가 되기 위한 첫걸음이다.

세상에 공짜는 없다.

열심히 모아야 무엇이든 시작할 수 있는 기회를 잡는다.

Q 나의 종잣돈은 얼마인가?

Q 이 돈으로 지금 할 수 있는 것은 무엇인가?

내가 돈을 모아야 하는 진짜 이유

부자들은 돈이 많아서 행복할까? 돈이 많으면 부자라고 부를 수 있을까? 100억? 200억? 우리가 부자라고 부를 수 있는 금액의 기준은 없다. 1,000만 원을 가진 사람은 1억 원을 모으고 싶고, 10억 원을 가진 사람은 100억 원을 가진 사람을 부러워한다.

부자의 기준은 저마다 다르다. 그렇다면 나는 얼마를 가져야 부자라고 생각하는가? 질문을 바꿔서 돈이 얼마나 있으면 행복할까? 돈을 모으면서 진짜 행복이 무엇인지, 행복한 부자의 모습은 어떤 것인지를 찾는 과정이 절실히 필요하다.

Q 나는 얼마를 모으고 싶은가?

Q 돈을 모으면 가장 먼저 하고 싶은 것은 무엇인가?

매월 100만 원씩 내던 월세를 전세로 바꾸는 것, 대출이자를 월세보다 적게 줄이는 것, 내 집 마련 등 모두 돈을 모으면서 느낄 수 있는 행복이다.

이러한 행복은 나와 가족을 위해 더 열심히 돈을 모으고 움직이는 원동력이 된다. 돈은 수단일 뿐 목적이 되어서는 안 된다. 행복한 삶이라는 목표를 이룰 수 있는 실용적인 수단 말이다.

돈 모으는 과정에서 나의 인생,

잊고 있었던 행복의 조각들을 찾았을 때

진짜 부자가 된다.

돈이 많다고 만족스러운 삶을 사는 것이 아니다. 오히려 어느 정도에서 만족해야 하는지를 알아야 행복한 삶을 살 수 있다.

The
Real Reason

>> 인생 의자 작성해보기

◆ 당신의 인생에서 가장 중요한 4가지는 무엇인가?

의자 다리 4개 중 하나라도 없으면?

의자는 제대로 서 있을 수 없다.

돈은 인생의 한 부분이지
전부가 될 수 없다.

가족, 건강, 돈, 친구

삶의 균형을 잘 유지하는 것이 행복한 인생이다.

3

부자 DNA, 부자는 유전이다

자녀를 부자로 키우고 싶다면 많은 재산을 물려주기 보다 '돈을 잘 벌고 관리하고 쓰는 방법'을 유산으로 물려주어야 한다. 빌 게이츠의 아버지는 "만약 빌 게이츠가 돈이 많았다면 마이크로소프트를 창업하지 않았을 것"이라고 말한다.

부자가 되는 방법을 알려줄 수 있어야 진짜 부자다.

부자의 자녀라고 해서 모두가 부자 DNA를 물려받는 것은 아니다. 돈을 쓰기만 했지 어떻게 관리해야 하는지 모르는 자녀들도 많을 것이다.

"물고기를 잡아주지 말고 잡는 법을 알려줘라"는 오랜 격언처럼, 부자 되는 법을 아는 것이 부자들의 진정한 자산이다. 하지만 나에게는 부자 되는 방법을 알려줄 부모가 없다면 어떻게 해야 할까? 세상의 모든 부자 아빠들이 알려주는 방법을 찾아보자. 부자들은 어떤 공부를 하며 시작했는지 알아보고 따라 하다 보면 나에게 맞는 방법을 찾아 부자 DNA를 장착할 수 있다.

>> 돈에 대한 나의 생각

◆ 코멘트 박스

돈 모으기 습관은 부모님이나 주위의 어른들을 보고 따라 한 것이
그대로 굳어지는 경우가 많다.

나는 돈을 어떻게 생각하는지,
돈을 대하는 태도나 습관을 정확하게 파악하는 것이 중요하다.
나도 모르게 습관이 되어버린
'돈에 대한 나의 태도'를 기록해보자.

>> 돈에 대한 기억(나의 부자 DNA 깨우기)

◆ 어린 시절 돈에 대해 떠오르는 기억은?

예)생활비가 넉넉하지 않아 아끼며 살았다

THE RIC

◆ 가족들에게 가장 많이 들었던 돈에 대한 이야기

예) 돈은 있어도 살고 없어도 산다

>> 돈에 대한 기억(나의 부자 DNA 깨우기)

◆ 어릴 적 돈에 대한 태도가 지금 나의 모습에 어떤 영향을 미쳤는가?

◆ 바꾸고 싶은 돈에 대한 마인드나 습관은 무엇인가?

4

돈이 모이는 지식

◆ 이자에 이자를 더하는 복리 상품

원금에 이자를 주는 상품을 단리라고 한다. 예를 들어 100만 원에 대한 이자로 연 1%인 1만 원을 주는 것이 단리이고, 이자 1만 원에 대한 이자까지 더해서 1만 100원을 주는 것이 복리다. 1억 원에 대한 단리와 복리를 비교하면 약 1만 8,000원 정도 차이 난다.(연 2% 가정, 세전금액 비교) 생각보다 적은 금액이라고 느낄 수 있지만 치킨 한 마리 값이니 제법 쏠쏠하다.

복리 상품 중에는 입출금 통장에 일정 금액 이상의 잔고를 유지해야 한다거나 카드 결제 실적이 있어야 최대 금리를 받을 수 있는 경우도 있어 상세 정보를 꼼꼼히 살펴본 후 상품을 선택한다. 토스뱅크는 1억 원 이하 금액에 2% 복리를 지급하는 '매일 이자 받기' 서비스를 제공한다.

만기에 원금과 이자를 한꺼번에 받는 것이 아니라 매월 이자를 받는 상품노 있다. 내부분은 은행에 돈을 밑기면 민기에 목돈과 이자를 준다. 1,000만 원을 연 3%의 예금에 넣어두면 만기에 받는 이자는 30만 원(세전)이다. 그런데 이자를 만기가 아닌 매월 받는 것으로 신청할 수도 있다. 30만 원을 12개월로 나눠 매달 2만 5,000원씩 받는 것이다. 2만 5,000원을 다시 적금에 넣으면 이자에 이자를 받는 복리 효과를 누릴 수 있다.

이자 지급 방법에 따라 이율의 차이가 있지만 금액 차이가 없다면 매월 이자를 받아 적금을 가입하는 단계 하나만 추가하면 돈이 쉬지 않고 일하게 할 수 있다.

Knowlege

◆ 고금리 특판상품 찾는 방법

'금리', '특판'이라는 키워드로 검색하면 다양한 상품들이 나온다. 토스뱅크나 핀크, 페이코와 같은 결제·금융 플랫폼에서도 고금리 제휴 상품을 제공한다.

카드사와 은행이 협업해서 고금리 적금 상품을 출시하기도 한다. 카드 사용 실적에 따라 이자를 지급하기 때문에 실적 요건을 맞출 수 있는지 잘 따져본다. 은행이나 신협, 새마을금고는 지점 자체적으로 특판을 진행하거나 지점의 마케팅 동의 고객을 대상으로 SMS를 통해 정보를 제공한다.

금융소비자포털 파인, 은행연합회, 저축은행중앙회, 마이뱅크 등의 홈페이지를 통해 전국 또는 금융권별로 금리를 비교할 수 있다. 그러나 이들 사이트에 올라오는 내용들은 실시간 정보가 아니므로, 현재 시점의 금리를 정확하게 알고 싶다면 해당 금융사 홈페이지나 전화로 확인해야 한다. (P124 금융사 비교하기 관련 내용 참조)

◆ 14% 수익 보장

강남 부자들도 모두 가입하는 이자 15.4% 상품! 정확히 말하면 금융소득원천징수(15.4%)를 내지 않는 비과세, 즉 이자에 붙는 15.4%의 세금을 면제해주는 상품이 있다. 비과세 상품은 만 65세 이상인 경우 5,000만 원까지 세금을 전혀 제하지 않고 이자 금액을 100% 받을 수 있다.(2022년 종료 예정) 만 19세 이상이라면 3,000만 원까지 세금 우대 혜택을 받을 수 있는 저율과세(농특세 1.4%부과) 상품으로 가입할 수 있다. 신협, 새마을금고, 수협에 조합원으로 등록하고 출자금 통장을 만들어야 가입이 가능하다.

Financial
Item

1) 세금을 줄여주는 금융 상품

◆ ISA(개인종합자산관리 계좌)

계좌 하나로 예적금, 펀드, ELS, 국내주식 거래가 가능하고, 금융소득 200만 원(서민형·농어민형 400만원 한도)까지 비과세이다. 초과하는 금액은 15.4%가 아닌 9.9%로 분리 과세한다. 1년에 2,000만 원, 5년간 최대 1억 원까지 납입 가능하고 유지 의무 기간은 3년이다. 단, 계좌 관리 수수료가 발생하고, 투자형 상품의 경우 원금 손실 가능성이 있다.

◆ 세액공제 연금 상품

연금저축은 연소득에 따라 300만 원에서 최대 400만 원의 세액공제가 가능하다. 개인형 퇴직연금인 IRP는 연간 700만 원 한도로 13.2~16.5% 세액공제를 해준다. 단, 연금저축 400만 원과 합산해 700만 원이 한도이다. 연금저축으로 400만 원 세액공제를 받는다면 IRP는 300만 원까지 납입하면 세제 혜택을 받을 수 있다.

◆ 비과세 종합저축

계좌에서 발생한 이자와 배당 수익 5,000만 원까지 비과세가 가능하다. 가입 대상은 65세 이상, 장애인, 독립유공자, 국가유공자, 기초생활수급자, 고엽제후유증환자, 5·18민주화운동부상자 등이다.(직전 3개 과세 기간 중 1회 이상 금융소득종합과세자 제외) 가입 가능 기간은 2022년 12월 31일까지다.

◆ 조합예탁금

상호금융조합 예금에서 발생하는 이자소득에 대해 비과세를 해준다. 단, 농특세 1.4%를 과세하므로 저율과세 상품에 해당한다. 조합원으로 가입하면 3,000만 원까지 저율과세 혜택을 받을 수 있다. 단, 전 금융기관 합산 3,000만 원 한도로 가입 가능하고 금융소득종합과세자는 가입이 제한된다.

◆ 저축성 보험

매달 적금식으로 5년 이상 납입 10

년 이상 만기인 보험 상품은 비과세가 가능하다. 보험 만기 또는 중간에 해지하는 금액에서 해지 시점까지 낸 보험료를 제외한 나머지 금액에 대해 비과세가 적용된다. 단, 중도 해약 시점에 따라 원금보다 적을 수도 있으니 상품 약관을 잘 알아보고 선택해야 한다.

◆ 내집마련 주택청약종합저축

월 2만 원에서 50만 원까지 납입 가능하다. 청약 예정인 주택에 따라 목돈을 넣을 수도 있고 매월 적금식으로 꾸준히 납입할 수도 있다. 금융권 통합 1인 1계좌로 주택도시기금에서 정한 은행에서 가입할 수 있다. 우리, 기업, 농협, 신한, 하나, 국민, 부산, 대구, 경남 은행에서 가입 가능한데 상황에 따라 바뀔 수 있다. 상품 조건은 모두 동일하다.

청약은 어느 은행에서 가입하는 것이 좋을까? 주거래 은행이나 대출을 받은 은행에서 가입하면 예금 상품이나 대출 상품 이용 시 금리 우대를 받을 수 있다. 적금을 들 때 청약저축을 함께 가입하면 금리를 더 준다거나 대출 이용 시 청약저축에 가입하고 매월 일정 금액을 넣으면 대출금리를 깎아주는 방식이다. 특히 청약은 한번 가입하면 해지하기 쉽지 않으니 주거래 은행이나 상품을 취급하는 은행에서 신청하면 된다.

청약저축은 총급여액 7,000만 원 이하의 근로자로 무주택 세대주인 경우 연말정산에서 납부 금액의 40%(납부 금액 한도 240만 원의 40%, 최대 96만 원) 소득공제가 가능하다. 내 집 마련 장기저축으로 연말정산 혜택을 챙길 수 있는 상품이다.

◆ 청년우대형 주택청약종합저축

만 19세 이상 만 34세 이하(병역 기간 최대 6년 인정)의 청년들이 가입할 수 있다. 일반 청약통장보다 금리를 더 많이 받을 수 있고, 이자

합계 500만 원까지 비과세가 적용된다. 소득공제 또한 주택청약종합저축과 동일하게 40%까지 받을 수 있다.

연간 3,000만 원 이하의 소득이 있는 무주택 세대주나 세대주 예정인 경우, 무주택 세대의 세대원이면 가입할 수 있다. 독립해서 혼자 생활하는 1인 가구 또는 독립 예정, 가족과 함께 거주할 경우 가족 모두 무주택이면 가입 가능하다.

가입 가능한 은행은 주택청약종합저축과 동일하고 국세청 홈텍스에서 청년우대형 주택청약종합저축 가입 및 과세특례 신청용 소득확인증명서를 받아 은행에 신청하면 된다.

A
Tax
Red-
ucing

◆ CMA/ MMF

'매일 이자 주는 통장'이라고 검색하면 빠지지 않고 등장하는 상품들이다. CMA는 고객이 맡긴 자금을 국공채 등에 투자해서 수익을 내는 상품으로 매일 이자를 받을 수 있는 통장이자 증권사에서는 입출금 통장 역할을 한다. 주식을 비롯해 다양한 상품에 투자하려면 필요한 계좌다. MMF는 고객들의 자금을 펀드로 만들어 단기금융상품(단기 자금시장이나 국공채 등)에 투자하고 수익률에 따라 이자(수익금)를 주는 상품이다.

CMA와 MMF를 고를 때 어떤 상품에 투자되는지, 위험 요소는 없는지, 얼마나 안정적으로 수익을 잘 낼 수 있는지를 한 번 더 확인해 보자.

은행 입출금통장과 달리 원금 보장이 되지 않는 투자형 상품으로 예금자보호가 되지 않는다.(종합금융사, CMA는 5,000만 원까지 예금자보호를 받을 수 있다.) 원금 손실 위험이 있는 투자형 상품이지만 위험도가 낮은 안정적인 상품군에 속한다.

투자형 상품이라 불안함을 느낀다면 은행의 파킹 통장과 비교해 본인의 성향에 맞는 적절한 수익 상품을 선택한다.

◆ 펀드

주식은 내가 직접 종목을 고르고 몇 주를 살지 결정해서 거래하는 직접투자 방식이다. 이와 달리 펀드는 돈을 맡기면 펀드회사가 운용해주는 간접투자 상품이다. 펀드에서 주식의 비율이 높으면 주식형 펀드, 채권과 주식을 적당히 섞으면 혼합형 펀드, 채권의 비율이 높으면 채권형 펀드라고 부른다. 국내, 해외, 원자재 등 다양한 종목으로 구성된다.

투자는 해보고 싶지만 걱정된다면 펀드 상품부터 시작하는 것도 괜찮다. 단, 나를 대신할 전문 인력에게 투자를 맡기는 만큼 일정 비율의 수수료가 발생한다. 금융사나 증권사에 따라, 그리고 찾는 기간에 따라 수수료가 달라질 수 있으니 잘 따져보고 가입해야 한다.

◆ ETF

펀드와 주식의 장점을 합쳐놓은 상품으로 거래소에서 주식처럼 거래할 수 있다. 펀드가 구매 대행 업체에 모든 것을 위임하는 것이라면 ETF는 내가 원하는 종목의 꾸러미를 고를 수 있다. 지수를 따라가는 ETF부터 메타버스, 반도체, 배터리 등 각종 테마 ETF가 있다.

개별 주식을 고르지 않고 테마 ETF로도 언제든지 사고팔 수 있다는 것이 장점이다. 하지만 여러 항목으로 구성하는 만큼 주식 개별 종목처럼 등락의 변동 폭이 크지 않다. 펀드는 운용보고서 외에 투자 내역을 실시간으로 확인하기 어렵지만 ETF는 구성 종목을 바로 확인할 수 있고 펀드 대비 수수료도 저렴해서 관심도가 높은 투자상품이다.

◆ ELT / ELS / DLS

특정 주가지수를 기준으로 상품에서 정한 비율의 상승과 하락에 따라 수익(손실)을 확정하는 상품이다. 예를 들어 오늘 코스피200 지수를 기준으로 1년 뒤 오늘 코스피200 지수의 60% 이상, 예를 들어 오늘 지수가 300이라면 1년 뒤에 180 이상을 유지하면 약속한 수익(예를 들어 6%)을 주고 그 이하로 떨어지면 상품에서 정한 구간에 따라 손실이 발생한다. 이런 상품은 6개월마다 상환 구간을 두는 경우가 많다.

은행에서 판매하는 상품은 ELT, 증권사에서 판매하는 상품은 ELS라고 부른다. 지수가 아닌 금, 은, 채권과 같은 원자재를 기준으로 하는 것은 DLS다. 상품의 기본적인 형식은 비슷하고 어디에서 판매하고 기초로 삼는 자산이 무엇인지에 따라 나뉜다.

일반 예금보다 기대수익이 높은 만

큼 손실 위험도 있다. 무엇보다 복불복 성격이 강한 상품이다. 6개월 뒤의 코스피 지수가 어떻게 될지 누가 예측할 수 있을까? 전쟁과 같은 큰 이슈가 발생하면 특정 지수가 하락할 수도 있고, 시간이 지나 회복해 수익이 발생할 수도, 반대로 손실이 생길 수도 있다. 물론 전체적인 흐름이나 장세를 볼 때 크게 하락하지 않을 것 같은 시기에는 적정 금액으로 투자하면 수익을 올릴 수 있다. 안전하게 상환만 된다면 예금이자보다 몇 배 높은 수익을 올릴 수 있지만 그만큼 손실의 위험도 있으니 시장과 상품에 대한 공부를 충분히 한 후에 시작하길 추천한다.

Make An Ben- efit.

3) 금융 거래 잘 관리하기

돈을 잘 모으는 것보다 더 중요한 것이 있다. 바로 금융 거래의 척도인 신용점수 잘 관리하기, 그리고 돈이 필요할 때 안전한 곳에서 빌리는 것이다.

사회초년생, 재테크 초보들이 하는 가장 위험한 행동은 잘 모르는 금융 상품을 아무 의심 없이 이용하는 것이다.

급하게 돈이 필요해 현금서비스, 카드론, 저축은 행, 대부업 등과 같이 쉽고 빠른 대출을 이용했다가 고금리 이자의 굴레에 빠져 힘들어하는 사람들이 의외로 많다.

돈을 모으기도 전에 이자만 갚다가 목돈 한 번 만져보지 못하는 상황이 생기는 것이다. 이를 방지하기 위해 신용점수와 대출 관련 내용을 담았다. 돈을 모으는 것도 중요하지만 신용점수를 잘 관리하고 돈이 필요할 때 어떻게 빌려야 하는지를 잘 알아둬야 안전하고 슬기롭게 돈을 모으고 활용할 수 있다.

◆ 신용점수란?

금융 거래를 하는 데 얼마나 신뢰할 수 있는지 점수로 매긴 것이다. 신용등급이 현재는 신용점수로 바뀌었다. 최대 점수는 1,000점이고, 신용도가 올라가면 점수가 올라가고 신용도가 떨어지면 점수가 하락한다. 금융 거래 이력이 없거나 많지 않은 대학생, 주부, 사회초년생들은 대부분 5등급 내외로 시작한다.

신용점수는 누가 계산하는 걸까? 은행이 아니라 신용평가사에서 저마다의 기준으로 점수를 매긴다. 카드 사용 기간부터 최근에 연체가 없었는지 등과 같이 여러 항목을 포함한다. 올크레딧과 나이스(NISE)에서 산출한 신용점수는 금융사, 특히 카드 심사나 대출 심사에 주요하게 활용된다.

가끔 신용평가사마다 점수가 달라서 당황스러워하는 사람들이 있다. 회사마다 신용점수 산정 기준에 따른 점수의 구간이 다를 수 있기에 금융사들도 한 곳만 보는 게 아니라 두 곳 모두 참고한다.

최근 카카오뱅크나 토스뱅크와 같은 인터넷 은행들은 자체적인 신용평가 모델 및 데이터를 기반으로 대출 심사를 진행하기도 한다. 대출이 필요하다면 여러 곳의 대출금리와 한도를 비교해봐야 한다.

◆ 신용점수가 필요한 곳은?

모든 금융 거래에 신용점수가 필요한 것은 아니다. 입출금, 예적금, 체크카드는 신용점수가 없어도 거래할 수 있다. 하지만 신용카드나 대출을 이용할 때는 신용점수가 중요하다.

포털에 신용대출이라고 검색해서 상세 정보를 눌러보면 신용점수에 따라 대출이자가 몇 %인지 나온다. 평소에 신용점수를 잘 관리하면 1년에 소형차 한 대 값 정도의 이자를 아낄 수 있다. 3억 원을 연 7%로 빌린다면 1년치 이자만 2,100만 원이다. 그런데 연 3%로 빌릴 수 있다면 이자는 900만 원으로 줄어든다. 대출이자에 따라 1,200만 원이나 차이 나는 것이다.

◆ 신용 관리 습관 체크리스트

□ 내 신용점수 확인하기

(점 /

             등급)

◆ 신용평점 등급표

신용등급	코리아크레딧뷰로	NICE신용평가
1등급	942~1000	900~1000
2등급	891~941	870~899
3등급	832~890	840~869
4등급	768~831	805~839
5등급	698~757	750~804
6등급	630~597	665~749
7등급	530~629	600~664
8등급	454~529	515~599
9등급	335~453	445~514
10등급	0~334	0~444

신용등급에 따라 고·중 신용자는 제1금융권 거래가 가능하지만 7등급 이하는 서민금융상품이나 저신용자를 위한 정책 상품 중에서 나에게 맞는 상품을 알아본다.

신용점수를 잘 관리하는 것만으로도 대출금액은 최대, 이자는 최소가 될 수 있으니 평소에 건강한 금융 습관을 만드는 것이 중요하다.

Find Out Credit Rating

□ **쓰고 있는 대출이자가 높다면?**   서민금융진흥원 1397로 상담 전화

서민금융진흥원 앱 활용하기

고금리를 중금리로

□ **대출 연체로 관리가 힘들다면?**   신용회복위원회 상담 신청하기 1600-5500

무료 상담, 인터넷 상담, 앱 상담 가능

대출 장기로 나눠서 갚기

평소 카드 사용 금액이 너무 많거나 갑자기 대출이 많아지면 신용점수가 떨어질 수 있다. 또한 현금서비스나 카드론과 같이 단기대출을 자주 사용해도 신용점수가 떨어진다.

여러 대출 상품을 이용하고 있다면 신용대출 중 이자가 높은 것부터 상환하는 것이 좋다. 담보대출보다는 신용대출을 우선적으로 상환하고, 대출 연체가 있다면 금액이 큰 것부터 갚는 것이 아니라 오래된 대출부터 갚아야 한다. 오래된 대출

중 연체된 대출부터 차례로 갚아나가면 된다. 신용점수를 잘 관리하는 방법은 하지 말아야 할 것들을 하지 않는 것이다.

. . . .

◆ 첫 번째

신용카드, 대출 연체를 하지 않는다.
내 소득과 예산에 맞게 사용하면서 지출을 적정선에서 관리해야 한다.

TIPS FOR
MANAGING
CREDIT SCOR

◆ **두 번째**

공과금, 세금 납부 일정을 잘 확인한다.

통신요금, 공공요금을 연체하지 않고 납부한 내역을 제출하면 신용점수에 바로 반영된다.

◆ **세 번째**

적금보다 대출을 먼저 갚는다.

적금이자가 아무리 높아도 대출이자보다 높지는 않다. 은행은 고객에게 유치한 예금으로 대출을 하고 이자로 수익을 올린다. 예금이자가 1%라면 대출이자는 3%다. 결국 돈을 모으는 것보다 나가는 돈을 줄이는 것이 더 이득이다.

◆ **네 번째**

손쉬운 대출을 멀리한다.

현금서비스, 카드론, 리볼빙, 온라인 대출, 전화 대출은 사용하기 쉬운 만큼 이자도 높고 신용점수도 급격히 떨어진다. 현금서비스는 무료 금고가 아니다. 내 신용점수를 떨어뜨리는 고금리 대출 상품이라는 사실을 꼭 기억하자!

◆ **다섯 번째**

신용점수를 관리한다.

카카오뱅크나 토스뱅크, 뱅크샐러드와 같은 앱을 통해 내 신용점수를 수시로 확인할 수 있고, 변동 내역이 생기면 알림 메시지를 받을 수 있다. 신용점수 1등급을 올리려면 평균 4개월 이상 걸린다. 신용점수를 관리하면 등급 상승 기간은 3개월로 줄어든다. 평소에 신용점수만 잘 관리해도 큰 어려움 없이 금융 거래를 할 수 있다.

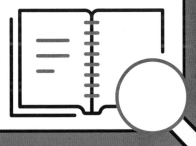

4) 대출 관리하는 방법

대출 금액이 매월 통장에서 자동으로 빠져나가는 것만 확인하는 사람과 매월 빠져나간 후 대출 이자와 잔액을 확인하는 사람 중 누가 이자를 적게 낼까?

매월 대출 잔액을 확인하는 사람, 더 정확하게 말하면 대출을 관리하는 사람이 이자를 적게 낼 가능성이 높다. 대출을 연체하지 않고 잘 갚으면 된다고 생각하는 사람들이 많다. 대출을 연체하지 않는 것도 중요하지만, 더 잘 관리하는 방법은 대출이자가 적정한지를 주기적으로 확인해보는 것이다. 정부 정책대출과 같이 장기간 고정금리로 쓸 수 있는 상품을 제외하면 일반 시중은행 상품들은 대부분 변동금리다.

>> 특히 관리가 필요한 것은 10년 이상 사용하는 주택담보대출이다. 고정금리 기간이 끝난 후 변동금리로 바뀌면 금리가 많이 올라갈 수 있기 때문에 다른 은행의 금리가 낮은 상품으로 한 번 바꿔주는 것이 좋다.

대출을 받고 잘 갚는 것이 최선이 아니다.

이자를 낮출 수 있는 방법을 최대한 찾아서 관리하는 것이 중요하다. 대출을 관리하는 사람들은 이자가 조금이라도 오르면 그 이유를 금융사에 바로 확인한다.

대출이 여러 개 있다면 이율이 높은 것부터 먼저 갚고, 자금 계획을 세워 여윳돈이나 목돈이 생길 때마다 추가로 상환해서 이자 금액을 줄이는 것이 **우선이다.**

당장 목돈이 필요하지 않다면 대출부터 우선 갚아야 한다. 간혹 예적금 만기에 대출을 갚아야 할지 말아야 할지 고민하는 경우가 있다. 1~2년 이내에 목돈을 쓸 계획이 없다면 대출 상환이 우선이다.

무조건 대출을 갚으라는 말이 아니다. 목돈이 필요하거나 앞으로 대출을 받기 어려운 상황이라면 대출을 유지하는 것이 더 나을 수도 있다. 하지만 대출금과 목돈을 가지고 있다 보면 다른 곳에 써버릴 수 있으니 딱히 자금을 쓸 계획이 없으면 대출을 상환해서 이자 비용을 줄이는 것이 낫다. 내 상황과 금융 거래 조건에 필요한 선택을 하면 된다.

이직, 연소득 상승 등 신용점수가 상승할 만한 변동이 생기면 금융사에 대출금리를 깎아달라는 금리 인하 요구권을 신청할 수 있다. 또한 지금 쓰고 있는 대출의 이율이 높다면 더 낮은 이자를 제시하는 곳으로 대출 상품을 바꾼다. 특히 주택담보대출은 3년이 지나면 중도상환수수료가 없기 때문에 금리가 더 낮은 상품으로 바꾸는 것이 좋다.

한번 대출을 받으면 10년 20년간 그대로 두는 것이 아니라 계속 관심을 가지고 관리해야 한다.

>>

예금이나 적금을 가입할 때 고금리 상품을 찾듯 저금리 대출 방법을 계속 고민해야 한다. 금융사들은 예금금리를 올리는 것뿐 아니라 대출이자를 깎아주는 방식으로 고객을 유치한다. 금융사들도 잡은 물고기에게는 먹이를 주지 않는다는 사실을 알아야 한다.

LET'S
MANAGE TI

◆ 예금담보대출 활용법

은행에 돈을 맡겼는데 갑작스럽게 돈을 쓸 상황
이 생길 때도 있다. 이럴 때는 당황하지 말고 은
행에 맡겨둔 돈을 활용한다. 예적금을 해지하지
않고 예적금을 담보로 돈을 빌리는 것이다.

**돈이 필요한 기간이 며칠에서 몇 주 정도라면
예금을 담보로 낮은 이자에 대출받을 수 있다.**

대출이자는 약정한 예금이자에서 1~1.5%를 더한
수준이다. 청약종합저축이나 펀드로도 담보대출
이 가능하고 전체 금액의 90~95%를 신청할 수
있다.(펀드 대출은 금융사 확인 필요) 돈을 사용
하는 기간이 길다면 예금 만기 때 받는 이자와
대출이자를 비교해본다. 대출이자가 많다면 예
금 해지를, 예금이자가 더 많다면 대출받는 것이
유리하다.

LOAN

◆ 1,000만 원 아끼는 대출, 정책대출

대출이 처음이거나 어디부터 시작해야 할지 고민이라면 추천 사이트만 잘 활용해도 큰 도움이 된다.

첫 번째, 주택도시기금, 주택금융공사 홈페이지

국가에서는 일정한 요건이 되는 사람들에게 낮은 이율로 장기간 쓸 수 있는 대출을 해준다. 주택 관련 대출이 필요하다면 가장 먼저 확인해야 할 곳은 주택도시기금 홈페이지다. 무주택자, 신혼부부, 청년 등이 주거에 필요한 자금을 빌릴 수 있다.

중소기업 취업 청년이라면 연 1.2%, 매월 이자 10만 원만 내고 1억 원의 전세자금을 빌릴 수 있다. 청년 월세 전세, 신혼부부 전세, 주택 구입 자금까지 1~3%대의 이율로 대출받을 수 있다.

두 번째, 마이홈포털

생애 첫 독립, 첫 내 집 마련이라면 마이홈포털을 통해 주택 관련 정보들을 찾아볼 수 있다. 공공임대부터 주거자금 대출, 내 집 마련 대출까지 자가 진단을 통해 확인할 수 있다.

세 번째, 서민금융진흥원 홈페이지

근로자, 사업자, 학생, 채무조정자, 금융취약계층, 농어업인을 지원하고 창업, 운영, 학자금, 생계, 저금리 전환 상품 등 다양한 조건으로 검색할 수 있다.

돈이 필요하다고 무턱대고 대부업체를 이용하면 나의 금융 생활에 균열이 갈 수 있다. 잘못 받은 대출 한 번으로 내 인생이 망가질 수도 있다. 지금 도움이 필요하다면 나에게 맞는 상품이 무엇인지 한번 살펴보자.

■ (마이홈포털) 대학생, 취준생, 청년 주거 정책

◆ 행복주택
대중교통 접근성이 좋고 임대료가 저렴한 공공임대주택

◆ 청년 전세임대
대학생 및 취준생에게 전세금 최대 1억 2,000만 원까지 지원

◆ 주거안정 월세대출
매월 나가는 월세 40만 원씩 총 960만 원까지 낮은 이자로 대출(1%
대)

◆ 행복기숙사
월 24만 원 이하 금액으로 기숙사 이용 가능

◆ 희망하우징
서울 소재 대학교 재학생에게 공급하는 임대주택

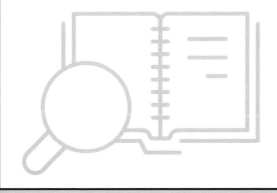

■ (주택도시기금) 주택 전세&구입 자금 대출

◆ 중소기업취업청년 전월세보증금대출
부부 합산 연소득 5,000만 원 이하(외벌이 3,500만 원)인 중소중견 기업 재직자. 만 19~34세 이하 청년인 경우 연 1.2%, 최대 1억 원 이내 전세자금 대출.

◆ 청년전용 버팀목전세자금
부부 합산 연소득 5,000만 원 이하, 만 19~34세 이하인 경우 연 1.5~2.1%, 최대 7,000만 원 이내(임차보증금(전세금)의 80% 이내) 대출.

◆ 버팀목전세자금
부부 합산 연소득 5,000만 원 이하 무주택 세대주인 경우 수도권 1억 2,000만 원, 수도권 외 8,000만 원 이내 대출.

◆ 내집마련 디딤돌대출
부부 합산 연소득 6,000만 원 이하(생애 최초 주택 구입자, 2자녀 이상 가구 또는 신혼 가구는 연소득 7,000만 원 이하)인 경우 최대 2억 6,000만 원(LTV 70%, DTI 60% 이내)까지 소득 수준과 대출 기간에 따라 연 2.15~3%로 대출.(2022.4월 국토교통부 고시 기준)

5.(주택금융공사) 적격대출
무주택 또는 1주택자(구입 용도로 일시적 2주택 허용, 기간 내 처분 조건)가 9억 원 이하 주택을 구입할 때 최대 5억 원까지 고정금리로 이용할 수 있는 대출. 은행별로 금리가 다르니 상담 후 진행.

>> 스스로 적어보는 상품 정보

SELF
WRITING

인생의 머니 로드맵을 완성하는 시간

어린 시절 자전거를 너무 타고 싶어서 친구의 자전거를 빌려서 배웠다. 처음에는 자전거에 보조바퀴가 달려 있었다. 하지만 나보다 먼저 자전거를 배운 친구는 어느새 보조바퀴를 떼고도 잘 타게 되었다. 나는 아직 보조바퀴를 뗄 준비가 안 됐는데 말이다. 보조바퀴 없이 자전거를 타려고 하니 넘어지기 일쑤였고 무릎과 팔꿈치는 상처투성이가 됐다.

사람들은 부자가 되기 위해 투자를 한다. 잘만 하면 큰돈을 벌 수 있다고 하는 주식, 비트코인, 부동산에 관심을 가지는 것은 당연하다. 하지만 자전거를 배우는 데도 순서가 있듯이 재테크도 순서가 있다. 투자 방법을 선택하기 이전에 먼저 해야 하는 것이 바로 돈 모으기다. 특히 종잣돈을 모으는 과정에서 내 상황을 객관적으로 바라보고 돈 관리하는 방법도 배울 수 있다. 힘들게 돈을 모으는 경험을 해봐야 돈의 소중함을 알고 투자를 할 때 신중하게 선택할 수 있다.

눈 내리는 겨울날, 눈사람을 만드는 두 사람이 있다. 한 사람은 주먹만 한 눈덩이를 굴리고 다른 한 사람은 자기 몸통만 한 눈덩이를 굴린다. 둘 중 누가 더 빨리 눈사람을 만들 수 있을까? 당연히 몸통만 한 눈덩이를 굴리는 사람이다.

1억을 만들려고 할 때 100만 원으로 시작한 사람은 100번을 굴려야 하지만 1,000만 원으로 시작한 사람은 10번만 굴리면 된다. 1억을 모으기까지 과정과 시간이 전혀 다른 것이다. 눈사람을 만드는 것처럼 종잣돈을 충분히 모아서 시작하면 좀 더 빨리 목표를 달성할 수 있다.

『머니 챌린지』의 끝은 또 다른 시작이다. 돈을 모으는 것은 로또가 아닌 매일의 성공이 모인 결과이다. 챌린지를 통해 매일 1만 원을 아껴 1년에 360만 원을 모았다면 그다음은 매월 100만 원씩 적금을 넣어 1년에 1,200만 원을 모아보자. 이렇게 돈을 모으며 공부하다 보면 나에게 맞는 투자 방법을 알게 되고 어떤 형태로든 반드시 기회는 오기 마련이다.

이 책을 꾸준히 활용해 전체적인 그림을 그려보면 돈을 모으기가 조금 더 쉽게 느껴진다. 지금 모으고자 하는 돈은 인생 전체를 놓고 보면 극히 일부일 뿐이기 때문이다. 결국 '머니 챌린지'는 자신을 성장시키고 미래를 만들어가는 '인생 챌린지'인 것이나.

항상 여러분 곁에서 '머니 챌린지'를 응원하겠습니다!

KI신서 10236

머니 챌린지

1판 1쇄 인쇄 2022년 5월 4일
1판 1쇄 발행 2022년 5월 18일

지은이 김지아
펴낸이 김영곤
펴낸곳 (주)북이십일 21세기북스

출판사업본부 콘텐츠개발팀장 장인서
디자인 강민영
출판마케팅영업본부장 민안기
마케팅1팀 배상현 이보라 한경화 김신우
출판영업팀 이광호 최명열
제작팀 이영민 권경민

출판등록 2000년 5월 6일 제406-2003-061호
주소 (우 10881) 경기도 파주시 회동길 201(문발동)
대표전화 031-955-2100 **팩스** 031-955-2151 **이메일** book21@book21.co.kr

(주)북이십일 경계를 허무는 콘텐츠 리더

21세기북스 채널에서 도서 정보와 다양한 영상자료, 이벤트를 만나세요!
페이스북 facebook.com/jiinpill21   포스트 post.naver.com/21c_editors
인스타그램 instagram.com/jiinpill21   홈페이지 www.book21.com
유튜브 www.youtube.com/book21pub
서울대 가지 않아도 들을 수 있는 명강의! 〈서가명강〉
유튜브, 네이버, 팟빵, 팟캐스트에서 '서가명강'을 검색해보세요!

ISBN 978-89-509-0081-6 (03320)